权威·前沿·原创

皮书系列为
"十二五""十三五"国家重点图书出版规划项目

BLUE BOOK

智 库 成 果 出 版 与 传 播 平 台

上海蓝皮书
BLUE BOOK OF SHANGHAI

总　编 / 王德忠

上海法治发展报告（2021）

ANNUAL REPORT ON DEVELOPMENT OF THE RULE OF LAW IN SHANGHAI (2021)

主　　编 / 姚建龙
执行主编 / 李建伟
副 主 编 / 王海峰　孟祥沛

社会科学文献出版社
SOCIAL SCIENCES ACADEMIC PRESS (CHINA)

图书在版编目(CIP)数据

上海法治发展报告.2021/姚建龙主编.——北京：
社会科学文献出版社，2021.7
（上海蓝皮书）
ISBN 978-7-5201-8409-0

Ⅰ.①上… Ⅱ.①姚… Ⅲ.①社会主义法治-研究报告-上海-2021 Ⅳ.①D927.51

中国版本图书馆CIP数据核字（2021）第097827号

上海蓝皮书
上海法治发展报告（2021）

主　　编／姚建龙
执行主编／李建伟
副 主 编／王海峰　孟祥沛

出 版 人／王利民
责任编辑／张　媛

出　　版	社会科学文献出版社·皮书出版分社（010）59367127
	地址：北京市北三环中路甲29号院华龙大厦　邮编：100029
	网址：www.ssap.com.cn
发　　行	市场营销中心（010）59367081　59367083
印　　装	天津千鹤文化传播有限公司
规　　格	开　本：787mm×1092mm　1/16
	印　张：14.75　字　数：216千字
版　　次	2021年7月第1版　2021年7月第1次印刷
书　　号	ISBN 978-7-5201-8409-0
定　　价	128.00元

本书如有印装质量问题，请与读者服务中心（010-59367028）联系

▲ 版权所有 翻印必究

上海蓝皮书编委会

总　　编　王德忠
副总编　　王玉梅　朱国宏　王　振　干春晖　王玉峰
委　　员　(按姓氏笔画排序)
　　　　　阮　青　朱建江　杜文俊　李安方　李　骏
　　　　　沈开艳　杨　雄　邵　建　周冯琦　周海旺
　　　　　荣跃明　姚建龙　徐锦江　徐清泉　屠启宇
　　　　　惠志斌

《上海法治发展报告（2021）》专家委员会

学术顾问（按姓氏笔画排序）

丁　伟　王　安　王光贤　王志强　叶　青
刘　平　刘　华　江宪法　孙　军　沈国明
陈浩哲　季　诺　罗培新　施伟东　顾伟强
龚培华　盛勇强　盛雷鸣　章　华　蒋惠岭

《上海法治发展报告（2021）》编　委　会

主　　编　姚建龙

执行主编　李建伟

副 主 编　王海峰　孟祥沛

编　　委　王海峰　孟祥沛　张晓栋　涂龙科　肖　军
　　　　　彭　辉　邓少岭　孙大伟　姚　魏　张　亮
　　　　　董　能　吴逸宁　阮　昊　邓　文　孙　祁

主要编撰者简介

姚建龙 法学博士、研究员、博士生导师,现为上海社会科学院法学研究所所长、《政治与法律》主编,上海市青联常委,兼任中国预防青少年犯罪研究会副会长、上海市预防青少年犯罪研究会会长、上海市法学会禁毒法研究会会长及未成年人法研究会会长,国家检察官学院、华东政法大学、中国人民公安大学等高校兼职教授,受聘为国务院妇儿工委办、最高人民检察院、共青团中央等部门在相关领域的咨询专家。曾任重庆劳教戒毒所民警、华东政法大学教授、《青少年犯罪问题》杂志主编,北京师范大学刑事法律科学研究院博士后研究人员,上海市长宁区人民检察院副检察长、上海政法学院刑事司法学院院长,团中央权益部副部长、规划办副主任,二十六届全国学联副秘书长、十二届全国青联委员,上海政法学院党委常委、副校长等。

主要从事刑事法学、青少年法学、教育法学研究,入选中国哲学社会科学最有影响力学者排行榜(2017、2020)、名列中国被引次数超过百次刑法学科青年(45岁以下)学者第八位(2017),近年来主持国家社科基金项目、司法部国家法治与法学理论项目、教育部人文社会科学研究项目、最高人民检察院检察理论研究重点项目、上海市政府决策咨询项目、上海市哲学社会科学项目、上海市曙光项目等近十项国家级、省部级课题,并承担国务院妇儿工委、公安部、教育部、民政部、中央综治委预防青少年违法犯罪专项组、共青团中央等各类委托课题二十余项,发表论文近二百篇,出版个人专著九部、法学随笔三部,诗文集与法律童话各一部。

李建伟 上海社会科学院法学研究所副所长、特聘研究员，兼任上海市市场监督管理学会副会长、上海市法学会国家安全法律研究会副会长、农业农村法治研究会副会长，上海市国资委、上海市地方金融监管局政府法律顾问，上海国际经济贸易仲裁委员会仲裁员。美国 Southern Methodist University 法学博士后。曾任上海市金山区国资委主任、金山区吕巷镇镇长、上海金山资产投资公司总经理，杨浦区财政局副局长（挂职），上海财经大学法学院副教授、金融法研究中心副主任。

主要从事经济法、金融法领域研究工作。主持"习近平新时代中国特色国家安全理论研究""新时代国有资产管理体制完善研究""上海区域性国资国企改革重大问题研究""上海国有企业改革：1978－2018""国有企业多位一体大监督体系设计与实施研究""国有控股公司治理结构优化研究""全面实施市场准入负面清单制度研究""科技创新金融法律支持系统研究""金融控股集团法律调整与监管研究"等 20 余项国家社科重大项目子课题、省部级课题。在"European Law Review"《知识产权》《财经研究》《解放日报》等发表"Financial Holding Company：Organizational Choice for China's Financial Sector Reform"《知识产权证券化：理论分析与应用研究》《更高站位更大力度推进依法治市》《金融控股公司立法路径选择》《把握地方金融监管十大关系》等论文 50 余篇。出版《技术创新的金融支持：理论与政策》《国有企业改革与企业家队伍建设》《中国海外企业治理与组织控制》《资产评估管理法律制度》等独著、合著、译著 7 部。

摘　要

《上海法治发展报告（2021）》对2020年上海法治建设在人大工作、法治政府、司法体制综合配套改革等三个方面进行综合回顾，在此基础上，对2021年上海法治建设进行展望。

2020年上海法治建设在人大工作、法治政府、司法改革等方面取得了一系列显著成果。上海人大在践行法治思想、强化法治供给、保障法治实施、联动法治服务、提升法治质效等方面卓有成效地推进中国特色社会主义现代化法治建设，同时在城市治理、民生改善、生态环保等领域着力提升法治化水平。法治政府建设稳步推进，进一步完善依法治市工作机制等，确保行政主体各项活动全面纳入法治化轨道，提高制度化的行政立法质量；重点做好上海自贸试验区新片区、科创板试点注册制、长江三角洲区域一体化发展、疫情防控和复工复产等方面的依法行政工作。法检系统持续深化司法体制综合配套改革，法院着力营造良好的法治化营商环境、践行司法为民宗旨、深化司法体制改革、坚持从严治院、持续提升工作水平，同时全面建设一站式多元解纷、诉讼服务体系和智慧法院，首创"中小投资者保护舱"。检察院做好为民服务工作、提升检察能级、锻造高素质专业队伍、自觉接受监督，同时深耕基层院"一院一品"建设、首创"一站式"取证保护制度。2021年是"十四五"开局之年，上海法治建设将承前启后，立足服务上海和国家经济社会发展现代化尤其是国家战略实施，聚焦治理体系和治理能力现代化，进一步强化法治制度供给保障，提升政府治理法治化水平，持续推进司法体制综合配套改革，奋力开创"十四五"法治建设新局面。

关键词： 上海　法治建设　人大工作　司法体制综合配套改革

目 录

Ⅰ 总报告

B.1 2020年上海法治建设状况与2021年展望
………… 李建伟 张 亮 吴逸宁 阮 昊 邓 文 孙 祁 / 001
　一 人大服务大局积极履职 …………………………… / 002
　二 法治政府建设稳步推进 …………………………… / 012
　三 持续深化司法体制综合配套改革 ………………… / 020
　四 2021年上海法治建设展望 ……………………… / 032

Ⅱ 专题篇

B.2 上海疫情防控和"六稳""六保"的司法保障研究
……………………………… 上海市高级人民法院课题组 / 040

B.3 个人信息保护的难点和规则完善
……………………… 上海市第一中级人民法院课题组 / 050

B.4 新时代多层次检察业务指导体系的构建
　　——以检察机关内设机构改革为背景
　　　　……………………………… 上海市人民检察院课题组 / 066
B.5 创新开展金融检察工作　服务上海金融中心建设
　　　　…………………………………… 李小文　张泽辰 / 085
B.6 上海法治宣传教育五年回望………… 肖　军　蓝玉喜　韩　哲 / 095
B.7 上海市人大常委会基层立法联系点的实践探索
　　　　………………………………………… 姚　魏　邓少岭 / 103

Ⅲ 评估篇

B.8 嘉定司法局"律管家"项目第三方评估报告
　　　　……………… 嘉定司法局"律管家"项目第三方评估课题组 / 118

Ⅳ 热点篇

B.9 后疫情时代社区管控中的上海经验
　　——以明天华城小区疫情防控为案例
　　　　………………………… 孟祥沛　段宁锐　刘津津 / 137
B.10 上海商事调解现状及其完善研究
　　　　……………… 孙大伟　山　珊　段宁锐　颜铭宏 / 153

Ⅴ 案例篇

B.11 以"非现场执法"助推智慧城管的探索与实践
　　——以上海市闵行区为例 ……… 余　嬿　彭　辉　王　雪 / 171

目录

B.12　2020年杨浦区检察院典型案例评析
　　………………………………………………邵　旻　涂龙科　董　能 / 187

B.13　后　记 ……………………………………………………………… / 200

Abstract　………………………………………………………………… / 202
Contents　………………………………………………………………… / 204

皮书数据库阅读**使用指南**

总 报 告
General Report

B.1
2020年上海法治建设状况与2021年展望[*]

李建伟 张 亮 吴逸宁 阮 昊 邓 文 孙 祁[**]

摘　要： 2020年上海法治建设在人大工作、法治政府、司法改革等方面取得了一系列显著成果。上海人大2020年在践行法治思想、强化法治供给、保障法治实施、联动法治服务、提升法治质效等方面卓有成效地推进中国特色社会主义现代化法治建设，同时在城市治理、民生改善、生态环保等领域着力提升法治化水平。法治政府建设稳步推进，进一步完善依法治市工作机制等，确保行政主体各项活动全面纳入法治化轨

---

[*] 本文的主要参考文件包括上海市第十五届人民代表大会第五次会议《上海市人民代表大会常务委员会工作报告》《政府工作报告》《上海市高级人民法院工作报告》《上海市人民检察院工作报告》《上海市委全面依法治市委员会2020年工作总结》《2020年上海法院工作情况通报》等。

[**] 李建伟，上海社会科学院法学研究所副所长、特聘研究员；张亮，上海社会科学院法学研究所助理研究员；吴逸宁，上海社会科学院法学研究所助理研究员；阮昊，华东政法大学法学博士；邓文，上海社会科学院法学研究所助理研究员；孙祁，莫斯科大学法学博士。

道，提高制度化的行政立法质量；重点做好上海自贸试验区新片区、科创板试点注册制、长江三角洲区域一体化发展、疫情防控和复工复产等方面的依法行政工作。法检系统持续深化司法体制综合配套改革，法院着力营造良好的法治化营商环境、践行司法为民宗旨、深化司法体制改革、坚持从严治院、持续提升工作水平，同时全面建设一站式多元解纷、诉讼服务体系和智慧法院，首创"中小投资者保护舱"。检察院做好为民服务工作、提升检察能级、锻造高素质专业队伍、自觉接受监督，同时深耕基层院"一院一品"建设、首创"一站式"取证保护制度。2021年是"十四五"开局之年，上海法治建设将承前启后，立足服务上海和国家经济社会发展现代化尤其是国家战略实施，聚焦治理体系和治理能力现代化，进一步强化法治制度供给保障，提升政府治理法治化水平，持续推进司法体制综合配套改革，奋力开创"十四五"法治建设新局面。

关键词： 上海　人大工作　法治政府　司法体制综合配套改革

一 人大服务大局积极履职

2020年初，上海市召开了十五届人大三次会议，人大常委会以习近平总书记考察上海及浦东开发开放时所作的重要讲话及精神为指导，坚持将党的领导与依法治国有机结合，并以人为本积极履行职责。

2020年度，市人大举行了市十五届人大四次会议，并召开了12次常委会会议，主要履行了以下职责。第一，审议了法规等决定草案总共30项，其中27项得到通过；第二，听取审议了总共18项工作的专题报告，检视了

5部法律法规的实施情况，开展了2次专题问询；第三，听取了5项重要事项的报告，作出了5项决定与决议；第四，选举并任免了国家机关工作人员总共133人次，先后组织了7次宪法宣誓仪式，开展了各类调研活动总共36场。以上工作的贯彻落实为2020年度经济社会的有序发展以及新冠肺炎疫情的有效防控奠定了扎实的法治基础。

（一）2020年上海市人大工作基本情况

2020年是不平凡的一年，上海市人大克服重重阻力困难，努力统筹并推进疫情防控各项工作。在思想方面，以新时代习近平法治思想为工作核心；在经济发展方面，关注国家重大战略任务的实施，积极提升城市治理效能；在职能建设方面，积极组织上海市重大课题调研，强化及改进代表工作和常委会的组织建设；在民生方面，努力践行"人民城市人民建，人民城市为人民"的重要理念，通过一系列工作推进治理能力及治理体系现代化的法治建设，取得了显著的成效。

1. 践行法治思想

2020年，上海市人大常委会牢牢把握人大作为"政治机关、工作机关、代表机关"的职能定位，毫不动摇坚持中国特色社会主义政治发展道路，以习近平法治思想为指导，关注高质量的立法活动，为开展关于"十四五"时期地方立法规范的研究，召开了多场法学专家与学者座谈会，以法治引领上海新时代的发展。

（1）落实人大工作会议内容

2020年市人大工作会议印发了《关于加强新时代人大工作充分发挥人大在推进城市治理现代化中的作用的意见》，该意见强调人大工作需要积极发挥在立法过程中的导向作用、法律规范实施过程中的监督作用、法治人才培养过程中的地基作用。市人大常委会为贯彻落实会议内容，举办了多场各区人大常委会主任参与的专题研讨学习会，组织实施了108个乡镇人大主席参与的专题培训团，同时传达给各个下级部门认真贯彻执行，推进各区及乡镇落实相关会议精神及工作要求。

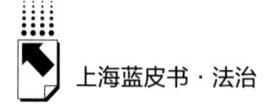

（2）贯彻"全过程民主"讲话精神

"全过程民主"是习近平总书记考察上海基层立法时所提出的要求。市人大常委会以该讲话精神为标尺，积极修订《基层立法联系点工作规则》，扩大联系点的数量至25家，扩大地域覆盖力度，从街道、乡镇扩展至园区、企业及协会。其中各个联系点总共提出建议2770条，有247条在国家及上海立法中被予以采纳，民意得到了很好的反馈与落实。此外，人大常委会还制定了《关于充分发挥人大在推进"全过程民主"探索实践中的作用的意见》，进一步推动将"全过程民主"精神落实到人大工作的方方面面，保障人民的权益得到充分实现。

（3）全方位强化对代表履职的法治支撑

2020年市人大常委会制定了《关于加强和改进市人大代表工作的若干意见》，旨在强化对市人大代表工作的要求并积极提供相关的法治支撑。根据意见内容，市人大常委会成立了常委会党组，建立了主任会议专项研究代表工作的机制，强化了常委会组成人员与代表的直接联系，创设了代表在代表大会及常委会会议上提出审议意见的研究及办理机制。在法治支撑举措上，聘用具有法律职业相关背景的29位代表组成法律咨询专家团，同时通过策划"代表论坛"12期，举办专题培训班28期，在《新民晚报》设立1周1期的"阿拉身边的代表"专栏等措施，为代表们更好地履职提供了优质的服务与保障。

2. 强化法治供给

2020年，面对突如其来的新冠肺炎疫情，围绕人民生活、社会经济发展的法治建设面临严峻的挑战。上海市人大常委会坚持人民至上、生命至上，及时应对疫情对经济发展的严重冲击，有条不紊地优化法治环境，取得了一系列成果。

（1）持续强化疫情防控的法治保障

面对突如其来的新冠肺炎疫情，市人大常委会迅速制定了《关于全力做好当前新型冠状病毒感染肺炎疫情防控工作的决定》（以下简称《决定》），这是全国首个疫情防控的地方性法规。《决定》明确了各类组织及个人应承担的防控责任，从而为上海及时有效地打好疫情防控阻击战提供必要的法治保障。《决定》通过以后，人大常委会联动市区人大，奔赴各个口岸道口、交通枢纽、商场宾馆、街道社区、建设工地等地方实施全方位检查，从而确保防御输入、传播、扩散等各项措施得到有效实施。同时为适应疫情防控的常态化，制定并审议通过了《公共卫生应急管理条例》，建立早期监测的预警机制，开展卫生运动，对勤洗手、依照要求佩戴口罩进入公共场所、使用公筷公勺、施行分餐制、保持必要的社交距离等一系列行为作出规范，加强公共卫生的社会治理体系建设。全体市人大代表也积极投身防控疫情的前线，纷纷踊跃捐物捐款，提出关于疫情防控的代表建议共82件，通过实际行动体现了代表们的责任担当。此外，市人大常委会还积极与域外各个友好城市交流疫情防控的经验，并介绍中国及上海的抗疫事迹，彰显中国法治的制度优势。

（2）推进实施"六稳""六保"工作

新冠肺炎疫情给上海各行各业造成了严重冲击。为帮助协调企业解决经营困难，市人大常委会重点部署稳就业、投资、外资三项专项调研及强化就业专项监督，同时市人大常委会的领导及专项调研组走访了350多家企业单位，听取企业所面临的困境，完善有关规章制度。通过一系列调研工作，简化重点工程的复工复产等审批流程，推进项目规划的审批管理改革，优化涉外企业人员和物流的出入境管理，全方位落实稳岗援企的相关政策，保障和改善大学生等群体就业。宏观层面，及时实施季度经济运行的动态研判，跟踪并分析半年度的经济运行状况，举行政策解读的培训会议，督促并落实地方政府定向债券资金的申报、分配及使用，从而加速形成实务工作量，助力拓宽有效投资渠道、拉动经济的增长。

（3）夯实改善营商环境的法治基础

为进一步优化营商环境，市人大常委会于2020年4月10日审议通过《上海市优化营商环境条例》。该《条例》以地方性法规形式明确上海将全方位施行行政审批告知的承诺及政务服务的"好差评"等制度，从而建构覆盖企业生命周期的优质服务体系。《条例》通过以后，各委员会通过部门亲自上门督促，对规定分条检视落实，推进32个市级部门制定配套政策总共116项并公布在"上海人大网"上，接受企业查询及市民监督。同时，市人大常委会修改了《上海市促进中小企业发展条例》及《上海市反不正当竞争条例》，前者明确将促进中小企业的发展作为上海长期的发展战略，同时配套设立中小企业的服务专员制度，有效强化政府性融资担保机构的担保力度，帮助中小企业解决"融资难"的问题；后者细化列举法律所规定的七项不正当竞争行为，加强调查取证及强化违法惩戒，从而保障上海实现公平竞争的市场秩序。市人大常委会制定了《上海市外商投资条例》，新设了"扩大开放"一章，政策上为跨国公司在沪成立及发展地区总部和研发中心提供支持和保障，彰显上海扩大开放的力度和广度。上述四项法规都是在半年时间内通过的，成为营商环境法治保障的助推器。

3. 保障法治实施

2020年，人大常委会坚持贯彻有效服务发展目标，围绕打造大循环的中心任务、国内国际双向循环的战略连接，为上海推动进一步深层次的改革、施行更高水准的开放提供坚实的法治保障。

（1）加快推进城市综合实力和能级提升

市人大常委会于2020年12月30日通过了《上海市知识产权保护条例》，该《条例》围绕加强科技创新的主旨，聚焦于构建运作高效、连接紧密的"严保护、大保护、快保护、同保护"的四大工作体系。同时开展"研发同转化功能型平台建设情况"的监督调研活动，推进平台建设精细对接产业的升级，优化提升科技对产业的服务率，以加强高端产业的引导功能为核心，展开制造业高效发展专题监督，优化重要产业空间布局，提升核心技术攻坚力度，深化产业园区机制与体制创新，更坚实地打响"上海制造"品牌。为加强全球资源的配置功能，市人大常委会一方面于2020年3月19日审议通过《上海市会展业条例》，这也是全国首部地方性相关条例，《条例》新增"进博会服务保障"一章，助力保障进博会的举办；另一方面于2020年4月10日通过《上海市地方金融监督管理条例》，明确了金融防控风险的属地责任机制，完善了上海处理并化解金融风险的工作模式。此外，市人大常委会走访金融、海事、知识产权三家专门法院并听取了相关建议，支持加速"专业化、国际化、智能化"前进步伐，从而为"五个中心"建设工作提供更高质量的司法保障。

（2）加速和优化浦东高水平改革开放

2020年为充分发挥浦东发展的辐射效用并带动其他区域的发展，市人大常委会对《关于促进和保障浦东新区改革开放再出发实现高质量发展的决定》进行了执法检查，并通过支持加速"一业一证"及各项"放管服"改革，赋予浦东市一级经济管理权限。此外，市人大常委会在听取市政府对自贸试验区临港新片区的建设情况报告以及开展对《中国（上海）自由贸易试验区条例》的修法调研基础之上，决定以更高的标准简化审批流程，扶持新片区构建开放型规范机制，积极探索解决涉外商事纠纷的"一站式"方案，更大力度塑造适合现代化就业居住的海滨新城。

（3）保障长三角更高效的一体化发展

2020年市人大常委会与江苏、浙江两省的人大常委会共同作出《关于促进和保障长三角生态绿色一体化发展示范区建设若干问题的决定》，授予示范区执委会省级管辖权，大力支持示范区突破行政壁垒、提升行政效能。同时为落实长三角地区铁路沿线各级政府的护路联防责任，市人大常委会与江苏、浙江、安徽三省人大常委会充分协调与沟通，于2020年12月30日审议通过了《上海市铁路安全管理条例》。此外，由市人大常委会牵头的专项调研工作有条不紊地进行，在充分汲取上海市政府和相关部门以及苏浙皖的人大、政府和相关部门的意见基础之上，汇总出六个社会重点关注的领域：产业链跨区域互动、交通基础设施互通互联、大数据政务平台跨省市通办、生态环境联治共保、公共服务资源互利互惠、区域立法合作，并围绕这些领域制定针对性的工作建议以及作出法治支撑的统筹安排，有效推动长三角一体化发展。

4. 联动法治服务

2020年，上海市人大常委会关注上海"十四五"规划发展中的重大问题，体察民情、听取民意、汇聚民智，充分发挥人民代表大会的制度优势，

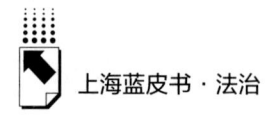

为科学勾画人民城市的发展蓝图打下坚实的法治基础。

（1）强化问题导向、推进前瞻研究

市人大常委会以"两个大局"和"四个放在"为中心绘制上海未来发展的蓝图，主要就优化人口结构、应对老龄化、加速科技创新、提升城市治理的现代化水平、形成公共卫生体系、建设生态之城等方面所面临的法治问题，发挥市人大各个专门委员会的专业特长，组建9个调研团队进行充分调研，凸显调研的前瞻性、综合性、系统性、全局性等优势。此外，针对"十三五"规划纲要的实施情况进行细致的总结评估，着力推动人才、土地、环保等一系列关键领域的改革，从更深层次强化上海发展活力及后劲，加速构建法治发展的新格局。

（2）坚守上下对接、协同联动

2020年，为妥善解决国土空间规划、自然资源规划与"十四五"规划的衔接问题，市人大常委会多次召开区一级"十四五"规划座谈会，先后对各区进行访问调研，了解上海城乡规划实施状况与最新进展，将各区所面临的重点事项纳入市级层面的法治综合保障机制，进一步将市、区级规划与国家战略有效融合。此外，对于新城建设所面临的法治问题，建议加强对独立综合性节点城市属性的研究，同时在多次专题法治调研基础之上，提出整合集聚优势性资源、优化市域空间格局、加速重点产业发展的战略方针，将新城作为上海未来发展中重要的增长极。

（3）强化对代表反馈社情民意的归集把握

2020年，市人大常委会制定了《关于加强和规范人大代表联系人民群众平台建设的指导意见》，组织开展"家站点"平台建设工作的经验学习交流会，对群众反馈的意见进行及时处理。在各区人大共同努力下，全市成立"家站点"平台共6248个，全面覆盖上海各个区域，贯通了代表联系市民的"最后一公里"。此外，市人大常委会设立社情民意的反馈平台，就代表们反馈的情况组建工作专班进行深入调研，已积累形成了40期《社情民意专报》，集中反映了在住宅物业服务的收费标准调整、电动自行车的充电风险、出租汽车行业的健康发展、农村集体经营的建设用地入股、农村生活污水的治理等领域存在的尖锐问题以及相关的解决建议,得到了市委、市政府的高度重视与及时处理。

5. 提升法治质效

2020年,上海市人大常委会继续深化"不忘初心、牢记使命"的主题教育成果,进一步完善法治工作规程,积极发挥专门委员会的作用,加强市区人大的联动,不断提升常委会的全方位工作质效。

(1) 强化常委会的职能建设

2020年,为加强对财经委、预算工委的预算、决算的审查监督以及对国有资产的监督职能,市人大常委会制定了《发挥专门委员会在预算审查监督工作中作用的意见》《关于加强对审计查出突出问题整改工作监督的意见》,将预算联网的监督融入人大监督的各方面及全过程,从而形成人大预算监督审查的工作合力。此外,市人大常委会制定了有关主任会议成员专题会议决定事项督办机制,积极举办代表座谈会及社区活动,精心组织专项调查活动等,确保常委会与机关的运行形成闭环机制,各项工作的推进有着落,也有督查。同时继续加强法制委员会的法律监督职能,强化对综合性法律法规进行执法检查,进一步系统性地研究地方立法需求。

(2) 强化专门委员会的建设

2020年,为充分调动专门委员会中非驻会委员的作用,市人大常委会成立了14个非驻会委员的工作室并进行各项课题研究,帮助常委会、委员会履职。为强化专门委员会的专业力量配备,畅通民意表达渠道,任命了17名基层市人大代表作为专门委员会的委员。此外,在得到市委批准的基础上,市人大常委会成立了9个委员会分党组并将其置于常委会党组的领导下开展各项工作,强化对各个专门委员会及工作委员会的政治、党风廉政及干部队伍建设。为使专门委员会自身建设及依法履职更加契合新时代人大工作需要,市人大常委会还于9月25日制定通过了《上海市人民代表大会专门委员会工作条例》。

(3) 强化市区人大的工作联动

2020年,市人大常委会制定通过了《关于进一步加强市区人大工作联动的若干意见》，定期举办市区人大常委会的主任例会，例会中传达中央及市委重要会议精神，交流各项经验及创新成果。常委会会议共向区人大进行视频直播11次，市区人大联合开展专项监督及执法检查共6次，有效推进了区人大专门委员会、工作委员会、街道人大工委以及乡镇人大专业力量的配备，进一步增强了全市人大工作的整体合力。

（二）2020年上海市人大工作亮点

2020年，市人大常委会落实"人民城市人民建，人民城市为人民"重要理念，提升城市治理效能，将人民对美好生活的期待作为工作的出发点及落脚点，在城市法治现代化建设方面取得了许多新的成效。

1. 聚焦"老小旧远"改善民生

2020年5~9月，市人大常委会对《上海市急救医疗服务条例》进行深入的执法检查，有效落实基本公共服务的均衡化布局、高质量供给、便民化服务三项措施。在养老保障方面，市人大常委会于12月30日制定通过了综合性的《上海市养老服务条例》，该《条例》围绕"老有颐养"的新目标规范了居家、社区、机构、医疗养老的联动工作体系。在民生建设方面，积极开展对旧区改造的专项监督调研以及对既有多层住宅安装电梯代表建议的专项督办，研究并提出破解旧改征收基地收尾难题的有效法治路径并付诸实施，加速上海小区成片安装电梯工作的试点。在农业扶持方面，市人大常委会于11月27日创造性地制定了全国首个《上海市促进家庭农场发展条例》，有效增强上海农业经营主体活力，于9月25日修订发布了《上海市公路管理条例》，全方位提升上海农村公路的建设、养护、管理以及运营水平，与涉农区人大联合开展实施乡村振兴战略并积极强化产业兴旺情况的专项监督，从中就农业建设用地的指标不足、涉农政策集聚度和精准度的缺失、农业从业人员整体老龄化严重等9类问题制作清单，提交给政府部门研究解决。

2. 着力提升城市治理法治化水平

在城市治理方面，上海市人大常委会联合各区人大进行《上海市街道办事处条例》的执法检查，明晰市级层面扶持街道办事处建设的责任部门和统筹机制，要求严格落实行政事务的准入制度，切实有效地为街道办事处增能减负，同时于3月19日修正了《上海市消防条例》，审议并发布了《上海市非机动车安全管理条例（草案）》的征求意见稿，将智慧消防纳入"一网统管"体系中，强化电动车、自行车的充电安全管理。听取关于黄浦江、苏州河等公共空间贯通开放及品质提升情况的进展，"一网统管"工作情况的报告，将城市管理与群众需求融合，加速向数字化转型，高效解决基层治理的突出问题。市人大常委会制定了《上海市关于依法处理涉法涉诉信访的工作方案》，认真听取市高院、市检察院、市公安局、市司法局办理市人大常委会转交的涉法涉诉信访事项的汇报，推进各方完善办理机制、提升办理质量，依法及时有效化解信访矛盾。此外，市人大常委会高度重视《民法典》的实施，听取相关政府部门实施及准备情况的报告并于11月27日通过了《上海市不动产登记若干规定》，修改了《上海市住宅物业管理规定》等8项地方性法规。

3. 严格依法推动生态环境保护

2020年5月14日，市人大常委会出台了《上海市中华鲟保护管理条例》，该《条例》是全国首个长江流域特定物种的保护法规，反映了全市积极贯彻长江大保护战略的决心。同年5~8月、6~9月，分别对《上海市生活垃圾管理条例》《土壤污染防治法》进行深入的执法检查及专题询问。针对前者详细制定问题清单，敦促一些行业及场所履行垃圾分类的投放义务，大力支持政府加速资源化利用的产业布局、政策扶持及科技攻坚；针对后者明确企业土壤污染防治的主体责任及政府监管责任，构建社会参与机制，进一步优化污染地块治理及全过程管控。此外，市人大常委会于6月18日通过了《上海市人民代表大会常务委员会关于加强检察公益诉讼工作的决定》，听取市高院、市检察院有关强化生态环境及资源保护的司法保障情况汇报和市政府有关2019年度环境状况及环境保护目标实施情况的汇报，着力促进强化源头治理及行刑衔接，更好地形成上海生态环境保护的工作合力。

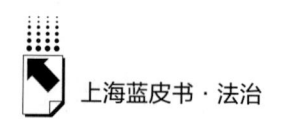

二 法治政府建设稳步推进

2020年，上海市人民政府在党中央、上海市委的坚强领导下，以习近平新时代中国特色社会主义思想为指导，认真学习贯彻落实习近平法治思想、党的十九大以来历次全会和中央全面依法治国工作精神，将全面依法治市作为年度工作要点，紧紧围绕"使法治成为上海核心竞争力的重要标志，成为城市治理的闪亮名片"奋斗目标，在行政立法、行政执法、行政司法等多环节发力，稳步践行法治政府各项工作。

（一）2020年法治政府建设基本情况

2020年是依法治市工作的全面推进之年，上海着力发展完善全面依法治市各项工作。法治政府建设的主体在于政府，将政府各项活动全面纳入法治轨道中，使得社会主义法律体系制度化优势进一步凸显。行政立法工作是依法治市的基础性工作，在完善统筹立法工作计划的前提下，上海市人民政府深入开展规章和规范性文件的清理和制定后评估工作，并切实加强基层立法联系点建设工作。

1. 完善依法治市工作机制

（1）思想建设层面

坚定政治方向，从思想上深入理解习近平法治思想和中央依法治国工作会议精神。习近平法治思想具有十分重大的理论和实践意义，也具有非常深刻的政治和法治价值。习近平法治思想在总结我国多年来革命、建设、发展经验的基础上，着眼于全方位建设社会主义法治国家、实现中华民族伟大复兴的奋斗目标，深刻回答了新时代为什么实行全面依法治国、怎样实行全面依法治国等一系列重大问题，是我国法治进一步发展的指引。

上海将习近平全面依法治国新理念新思想战略专题纳入重点学习计划，并在党校相关班次和法治专门队伍中开展针对性培训学习。同时，由上至下层层传递，保证各个层级都充分学习领悟，并以此来指导上海法治建设。依法治市是依法治国精神的延伸，研究起草法治上海建设规划、上海法治建设实施意见和"八五"普法规划，都需要从顶层设计上准确把握法治方向。思想建设对依法治市工作的意义是不言而喻的，一旦偏离方向就会导致根本性错误，因而思想层面的工作是完善依法治市的核心性以及基础性工作。

（2）制度建设层面

完善制度建设是上海全面依法治市工作的着力点和发力点，是依法治市工作的重要保障，2020年围绕"制度"这个支点完成了多项重要工作。在《关于健全工作制度统筹推进全面依法治市工作的意见》《上海市法治工作重要决定和方案备案工作办法》《落实〈党政主要负责人履行推进法治建设第一责任人职责规定〉市级层面工作清单》《2020年度市管党政领导班子绩效考核工作实施方案》等多项重要文件中，合理划分职责避免出现工作真空或不合理重叠，更为重要的是就如何协调提出了切实可行的方案形成工作合力，发挥出我国独特的制度优势，并且着眼于具体工作制度保障其规范运行，无论是公文处理还是调查研究都有据可依，还细化压实了各级党政主要负责人作为第一责任人履行法治建设的职责，使得责任主体更加明确。在备案工作方面成绩斐然，各区各市级机关备案101件，向中央依法治国办报备5件，较此前有大幅度提升。健全依法治市考核机制，既要总结成功经验也要及时发现问题并作出合理应对。

（3）督促指导层面

有效的督促指导能够对照工作计划及时调整工作进展。各协调小组专题研究推进解决督办中发现的9个方面15个具体事项，推动依法治市办与协调小组协同发力，本着不放过任何工作漏洞、解决每一个工作中存在问题的理念，切实推进完成各项工作。相关数据显示，市委依法治市办明确的130项工作任务中，57项完成类任务，已完成54项；19项启动类任务，已全部启动并有序推进；54项持续推进类任务，正按照计划方案推进落实。从整体来说，工作任务取得了可喜的成绩，也反映出完善制度建设和加强督促指导的正确性。依法治市是从"法"出发，以规则为准绳的，加大法治督察力度，正是其题中应有之义。市委依法治市办将党政主要负责人切实履行推进法治建设第一责任人职责和法治政府建设作为工作重要主题，压实主要负责人所应承担之责任，组建7个督察组对12个区和8个市级机关进行实地督察，并逐一反馈督察意见，逐项制定整改措施，明确责任部门、责任人和完成时限，确保整改任务不漏项、不留死角、不拖"工期"。2020年，接受中央依法治国办第一督察组实地督察，圆满做好各项配合保障工作，并取得了令人满意的成绩。此外，结合时代背景，组织开展人工智能法治保障、数据经济和数据跨界流通立法实践、法治建设评估等重点课题调研，并完成首次以考察司法绩效为主的司法公信力第三方评估工作。

2. 确保行政主体各项活动全面纳入法治化轨道

（1）发挥法治政府先进地区的示范引领作用

开展法治政府示范创建，向中央依法治国办推荐的3个综合示范创建区和2个单项项目，全部获评国家第一批法治政府建设示范地区和项目，数量并列全国第一。实现以创建促提升，以示范带发展，以点带面从上海出发并辐射到周边，为各地建设法治政府提供示范引领，为建设社会主义法治国家作出积极探索。区级层面涉及8项一级指标、33项二级指标、95项三级指标，对16个区法治政府建设进行全面评估，及时总结成功经验，并及时反馈需要调整的问题。世界银行2020年7月发布的《中国优化营商环境的成功经验》指出，中国在执行合同领域（上海权重55%）位于"全球最佳实践的前沿"。

（2）依法全面履行政府职能

2020年度，上海取消、下放和承接行政审批事项20项，61项市级行政审批下放至浦东新区，1170项行政审批和监管执法事权交由临港新片区管委会集中行使，56项市级行政审批下放至张江科学城。在上海自贸试验区（含临港新片区）对519项事项开展"证照分离"全覆盖试点，并将地方事权内的248项改革举措在全市推广实施。尤其值得一提的是临港新片区在某些制度层面的突破性创新，习近平总书记在扎实推进长三角一体化发展座谈会上指出，"要继续做好上海自由贸易试验区临港新片区建设工作，充分发挥试验田作用"，临港新片区正在充分发挥制度优势以实现中央与市政府对其的部署要求。

同时，电子政务服务持续领跑，"一网通办"总门户已接入3071项服务事项，践行"数字化"政府的理念，为民提供便利，其中82.99%具备全程网办能力，95.15%具备最多跑一次的能力。以"高效办成一件事"为目标，实现15个"一件事"和321个面上"一件事"业务流程革命性再造，提升工作效率，减少资源浪费。不断完善重大行政决策制度体系，制定出台《上海市重大行政决策程序规定》，聚焦目录制定、公众参与、专家论证、风险评估、合法性审查、政府督查、后评估等程序全链条关键环节制定7个配套文件和具体操作细则，率先在国内构建起"1+X"制度体系，提高上海重大行政决策的质量和效率。将依法行政落到实处，并突出强调专业化。同时，在全国首创行政机关、法院、检察院三方共同参与的规范性文件审查衔接工作机制，优化全市统一的规范性文件管理系统，嵌入合法性审核要求和标准，实现从纸质报备向网上流转报备升级。

(3) 切实规范公正文明执法

公正文明执法是各级政府依法行政和法治政府建设水平的标志。将行政执法公示、执法全过程记录、重大执法决定法制审核"三项制度"作为年度重点工作。行政执法公示制度旨在践行行政公开原则，主动、及时地向社会公开执法信息，接受监督，将权力关在笼子里。执法全过程记录制度着重点在于规范执法程序，记录执法全过程，以便出现争议时有证据作为依据。重大执法决定法制审核制度，重在保障合法执法，使执法者不能越过权力的边界，真正将权力关在笼子里。"三项制度"聚焦行政执法的源头、过程、结果等关键环节，对促进严格规范公正文明执法具有基础性、整体性和突破性作用，对于切实保障人民群众的合法权益、实践依法治市具有重要意义。

2020年，上海推动16个区建立行政执法"三项制度"工作协调机制并加强督促检查，以期切实提升依法行政水平。加强行政执法协调和指导，推进行政处罚裁量基准立改废工作，制定并修订19个行政处罚裁量基准文件，做好与《行政处罚法》修改内容的衔接工作。建立行政执法日常检查监督机制，开展行政执法案卷评查工作，并将这些内容作为依法治市评价标准的重要内容。深化市场监管、交通运输、生态环境等领域综合执法体制改革，此类领域对民生以及社会发展具有重要意义。加强事中事后监管，而不仅仅将监管注意力放在事前，2021年以来运用"双随机、一公开"方式开展抽查540次，检查市场主体14.4万户（次）。积极探索跨行政区域联合执法，以实现更好的检查效果。优化行政执法与刑事司法衔接工作，行政机关和司法机关在多个领域制定文件，明确衔接标准和工作细则，使得规则更具整体性和更加体系化。

（4）强化行政权力制约监督

《中共中央关于全面推进依法治国若干重大问题的决定》明确提出了强化对行政权力的制约和监督，并阐述了具体要求。强化行政权力制约和监督工作，既是依法治国、依法治市的必然要求，也是推进国家治理体系和治理能力现代化的必由之路。

2020年，上海各级政府及其职能部门通过不断加大行政权力制约和监督力度，将反馈落实司法建议、检察建议和纠正违法通知情况纳入市绩效考核，使得行政权力受制约监督的水平可以被量化，并根据实际情况调整量化标准及指标。切实履行行政复议工作职责，不断提升行政复议工作能力和水平，成立上海市行政复议体制改革领导小组，起草制定《上海市行政复议体制改革实施方案》，将行政复议工作作为法治政府建设的基础性工作来抓。强化行政复议监督和化解行政争议功能，2020年市行政复议机关受理行政复议申请18444件，审结17725件，作出纠错决定1208件，纠错率6.8%，调解撤回4530件，调撤率25.6%，各项数据相较此前都有可喜提升。制定《上海市行政应诉工作规定》，印发《关于进一步加强和改进本市行政机关负责人出庭应诉和旁听审理工作的意见》，细化并增加应诉规定的可操作性，2020年度12个区出庭率超过50%，全市行政机关负责人出庭应诉1394人次，出庭应诉率稳中有升。组织开展行政机关负责人出庭、旁听、讲评"三合一"活动，推动"三合一"活动向13个区和8个市政府委办局扩展，对于推进全市法治政府建设、实现行政与司法的良性互动具有重要意义。积极探索行政争议多元解决机制，在街镇层面设立行政调解工作室400多个，使得行政争议解决效率更高。

3. 提高制度化的行政立法质量

（1）完善制度体系，突出重点领域行政立法

立法工作是依法治市的基础性制度工作，故而本年度着重加强对立法工作计划的统筹。既注重完善制度体系，补齐此前的缺漏部分，也注重突出重点领域立法，将行政立法工作重心放在紧要工作上。结合社会发展实际，制定《上海市重大行政决策程序规定》等10项政府规章，另有5项政府规章草案已起草完成，正在按程序提交审议。此外，就实践中的前沿问题如人工智能、大数据监管、数据权利性质等，积极开展调研工作，发布课题邀请社会各界专家学者参与，为今后的立法工作打下坚实基础。

（2）推进行政立法后评估以及清理工作

规则需要保持稳定性，也需要与时俱进，适应实践变化。针对与上位法以及上海经济社会发展不相适应的行政规章，及时开展"立改废释"工作。针对《民法典》实施、市场公平竞争审查、"证照分离"改革等领域开展政府规章和行政规范性文件的专项清理。作为市民生活根本大法的《民法典》于2021年1月1日起实施，实施后，我国《物权法》《合同法》《担保法》等法律被废止，对现行法律法规体系造成较大影响。故而，上海市政府各部门及时作出应对，例如市房管局邀请专家学者对房管系统法律规范调整进行研究，对比现行规范做了细致梳理及修改报送建议工作，研究后发现涉及房屋保障与管理规范的调整主要集中于物业管理、抵押以及租赁三个部分。物业管理方面需要调整的规范数量较多且所涉及的规范横跨《民法典》多个分编，尤其需要对行政规章和规范性文件进行细化和可操作化。加强行政立法后评估工作，召开规章立法后评估推进会，对11项立法后评估项目作出部署。

（3）践行基层立法联系点建设工作

基层立法联系点的主要职责是让社会公众对法律法规草案提出建议意见，并且参与立法调研和立法评估等工作，使得人民当家做主落到实处。一方面，基层立法联系点需要与基层群众对接，收集公众的立法建议意见，实现社会公众与立法机关的对话，它是基层群众直接参与立法活动的重要载体。另一方面，它与立法机关对接，反映社会公众的立法建议意见，让社会

公众参与立法工作变得更加有序、更加有针对性，成为立法部门深入基层直接了解民意的桥梁。市政府制定《关于进一步加强市政府基层立法联系点建设的意见》，将联系点从10家扩增至25家，全面覆盖16个区及"五个中心"建设等重要领域。从街道、乡镇拓展到园区、企业和协会，并及时修订《基层立法联系点工作规则》。构建征集网络，采取"线上+线下"方式，同步听取所在的区、镇、村三级意见，打通听取民意的"最后一公里"，组织基层立法点开展调研、座谈会100多次，对37项（次）法律规章草案征求建议意见，共征集意见1881条，有180条意见获得采纳。

（二）2020年法治政府工作亮点

增设中国（上海）自由贸易试验区临港新片区，在上海证券交易所设立科创板并试点注册制，支持长江三角洲区域一体化发展并上升为国家战略，2018年首届进博会时中央交给上海三项重大任务，2020年已经全部启动，着眼于三项重大任务的法治保障就成为2021年度法治政府工作的重点。除此之外，2020年度上海疫情防控的显著成绩也离不开上海各级政府及其职能部门的积极作为。

1. 中国（上海）自由贸易试验区临港新片区的法治保障

为及时回应自贸区临港新片区需求，2020年8月上海出台《关于以"五个重要"为统领加快临港新片区建设的行动方案（2020～2022年）》，包含42条重磅措施，举全市之力加快临港新片区建设。此外，上海自贸区临港新片区管委会与中国人民银行上海总部等联合发布的《全面推进中国（上海）自由贸易试验区临港新片区金融开放与创新发展的若干措施》等文件，赋予了临港新片区许多创新性制度，如银行业和保险业的简政放权、保险业高管人员的资格审批改备案、监管沙盒模式、航运保险产品的注册制、业务和风险的监测体制、中外金融机构的开放合作等。

同时，以临港新片区为载体建设国际法律试验区，在制度建设、国际商事审判组织、国际仲裁、法律服务、监管等方面已获得先行先试的政策。并且已梳理需要修改和调整的法规清单和立法授权需求，积极争取全国人大、国务院立法授权。开辟新片区法律服务行政审批"一网通办"绿色通道，提升行政效率，根据2015年最高人民法院在《关于人民法院为"一带一路"建设提供司法服务和保障的若干意见》中要求"准确查明和适用外国法律，增强裁判的国际公信力"的指引，设立上海海事法院自贸区派出法庭，引进境外知名仲裁机构设立业务机构，推进设立新片区合作制公证机构、上海律师事务所同城分所，创新建立健全与新片区"境内关外"功能相适应的司法政策和审判检察体制机制，以提高法庭的国际影响力。

2. 上海科创板试点注册制的法治保障

2019年设立科创板实行注册制后，在本年度继续深化重点领域改革攻坚，全力支持、全面配合在上海证券交易所设立科创板并试点注册制的方案制订和落地，培育优质上市资源，优化金融生态环境，进一步加强金融中心和科技创新中心联动发展。上海市人民政府办公厅于当年9月发布《关于着力发挥资本市场作用促进本市科创企业高质量发展的实施意见》。2020年《上海市推进科技创新中心建设条例》对金融环境建设作出了明确规定。市司法局加强科创板法规政策研究与业务指引，引导近10家知名律所服务科创板企业上市。

3. 长江三角洲区域一体化发展的法治保障

为加强长三角区域一体化的法治协作，沪苏浙三地成立长三角生态绿色一体化发展示范区行政复议委员会。各方将以"同案同判"为目标，不断推动行政复议机构案件审理标准的统一。为推动金融法治支持长三角一体化发展，上海市政府联合中国人民银行等于2020年2月发布《关于进一步加快推进上海国际金融中心建设和金融支持长三角一体化发展的意见》，进一步推进上海国际金融中心建设，加大金融支持上海自贸试验区临港新片区建设和长三角一体化发展力度，深化金融供给侧结构性改革，推动金融更高水平开放创新。具体措施包括在长三角区域推广应收账款票据化的试点、推广贴现相关的业务，成立科创中心股权投资基金并明确重点投资区域，着力推动长三角征信体系的一体化、市场化，以及绿色金融服务平台一体化与普惠金融发展的协同。

上海蓝皮书·法治

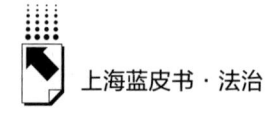

4. 疫情防控和复产复工工作的法治保障

在2020年疫情防控期间，市委、市政府及时出台《关于完善重大疫情防控体制机制健全公共卫生应急管理体系的若干意见》，全面提升上海应对重大疫情和公共卫生安全事件的能力。强化法治思维，坚守法治底线，健全相关法律规章，在法治轨道上有序推进疫情防控和公共卫生应急管理工作，使得疫情防控工作更加有法可依、有据可循。市政府制定全国首部保护医护人员的专项立法《上海市医疗卫生人员权益保障办法》，加强医疗卫生人员队伍建设，促进"尊医重卫"社会风尚的形成，保护人民健康。

市政府办公厅建立合法性审核快速处置机制，对《关于进一步加强我市新型冠状病毒感染的肺炎疫情防控工作的通知》等市政府疫情防控文件依法快速开展审核。市公安局编写《疫情防控处置执法指引》16期，加大疫情防控和复工复产重点领域行政执法力度。市司法局设立6个专业小组，对相关部门的疫情防控政策措施、通告等进行法制审核，研究编制80余个法律问题指引，出台助力企业复工复产复市的公共法律服务举措30项。

三 持续深化司法体制综合配套改革

2020年，上海司法体制综合配套改革持续深化，以习近平法治思想为指导，满足人民群众日益增长的司法需求、维护人民群众根本利益的迫切需要，更好地促进社会公平正义，更好地服务人民城市建设。

（一）2020年持续深化司法体制综合配套改革基本情况

上海各级法院和检察院坚持以习近平法治思想为指引，贯彻"人民城市人民建，人民城市为人民"的重要发展理念，持续深化司法体制综合配套改革，服务法治上海和人民城市建设。回顾2020年，上海法院和检察院系统持续深化司法体制综合配套改革的各项方案，继续为全国司法体制改革贡献"上海智慧""上海经验"。

1. 法院工作回顾总结

2020年，面对突如其来的新冠肺炎疫情，上海全市法院坚持以习近平新时代中国特色社会主义思想为指导，在市委的领导下，在市人大及其常委会的监督下，在最高法院的指导下，按照年初确定的"抓重点、补短板、重协调，推动法院工作高质量发展"的工作思路，忠实履行宪法等法律赋予的职责，攻坚克难、狠抓落实，统筹推进疫情防控和法院重点工作，各项工作取得新的进展。

（1）贯彻新发展理念，为经济社会持续健康发展营造良好的法治环境

一是依法保障疫情防控和复工复产。完善服务"六稳""六保"司法举措，制定《关于充分发挥审判职能作用为依法防控疫情提供司法服务和保障的指导意见》，围绕依法审理各类涉疫情案件、妥善推进执行工作等方面出台26项举措，向社会公开涉疫情案件法律适用问题系列问答，强化疫情防控法治保障。依法审理劳动争议、合同违约、长租公寓纠纷等涉疫情民商事案件，入选全国法院"依法惩处妨害疫情防控犯罪典型案例""服务保障复工复产典型案例"的数量位居全国前列。

二是全力服务保障"四大战略支撑"。服务保障科创板和试点注册制改革，健全涉科创板案件专业审判机制，在全国首创"中小投资者保护舱"，积极推进证券纠纷代表人诉讼，为推动科创中心与金融中心联动发展提供有力的司法保障。制定服务保障浦东新区改革开放再出发专项司法意见，对接自贸试验区临港新片区司法需求，完善涉外民商事审判机制，依法审理涉临港新片区国际贸易、跨境投资等各类案件，签订《关于共建临港新片区一站式争议解决中心合作协议》，为打造具有国际影响力和竞争力的特殊经济功能区保驾护航。深化长三角地区司法协作，服务长三角区域高质量一体化发展。依法高效审理涉进口博览会承揽合同、服务合同纠纷等案件，开展现场法律咨询等活动，受到中外参展商好评。

三是持续优化法治化营商环境。认真贯彻《上海市优化营商环境条例》，对标世界银行营商环境评估指标，将法院牵头的"执行合同""办理破产"等重点指标纳入审判质效评估体系，推进长效机制建设。依法平等

保护各类市场主体权益，发布"民营企业家张某宣告无罪案"等依法保障民营企业健康发展十大典型案例，严格区分经济纠纷与经济犯罪，稳定市场主体预期、增强企业信心。完善破产审判体制机制，推动建立常态化破产工作府院统一协调机制。围绕"一带一路"建设，出台司法服务保障专项意见，为推进高水平对外开放提供司法保障。

四是助力打好"三大攻坚战"。推动实施乡村振兴战略，发挥人民法庭在推进乡村治理现代化中的作用，依法审理涉土地流转、农村房屋建设、农业生产等案件，浦东新区法院川沙人民法庭获评"全国人民法庭工作先进集体"。围绕防范化解金融风险，依法妥善处置涉金融风险重大案件，发布中英文金融审判白皮书及法律风险防控提示书，维护金融市场稳定。建立环境资源刑事、民事、行政"三合一"审判模式，完善环境公益诉讼机制，严惩破坏环境行为，维护良好的生态环境。

（2）践行司法为民根本宗旨，努力满足人民群众多元司法需求

一是强化民生司法保障。审结一审民事案件31.5万件，其中涉教育、医疗、消费、住房、社保等关系群众切身利益的案件5.2万件，依法保障幼有所育、病有所医、住有所居，让人民群众感受到司法温度。审结婚姻家庭、赡养抚养等家事纠纷2.9万件，发出人身安全保护令22件，促进和谐家庭建设，让司法温暖人心。保护劳动者合法权益，妥善审理劳动争议案件1.4万件，常态化开展"为农民工讨薪"活动，追回劳动报酬3.7亿元。加强司法救助工作，对陷入困境的325名当事人发放司法救助金。

二是健全执行工作长效机制。巩固"基本解决执行难"工作成果，推进执行长效机制建设，深化综合治理大格局，将执行工作融入市（区）平安建设考评体系，与市发改委、公安局等多个部门共同推动跨部门、跨地区、跨行业协同"找人、查物、失信惩戒"联动机制，织密全方位立体化执行网，促使被执行人主动履行义务，推动社会诚信体系建设。坚持善意文明执行理念，积极推进信用修复机制建设，及时将已履行义务的被执行人移出"失信黑名单"。加强执行信息化建设，全面推进执行指挥中心实体化运行，完善执行案件智能化办案平台，健全网络司法拍卖机制。

(3) 深化司法体制改革，促进审判质量、效率和司法公信力提升

一是完善新型审判权力制约监督体系。打造全流程监督体系，优化随机分案系统，完善随机为主、指定为辅的分案规则，防止人为干预；强化专业法官会议适法统一功能，由资深法官对重大疑难案件的法律适用问题进行"专家会诊"；强化审级监督，对二审和再审案件严把事实关、法律关、证据关。构建智能化监督体系，全面运用"上海法院审判执行监督预警分析系统"，在立案、审判、执行等诉讼流程中对"指定分案""执行终本结案不合规""律师法官关联度"等21个重点风险环节设置预警点，对案件进行全方位实时监控、实时预警。完善制度监督体系，出台《上海法院审判权责清单指引》，压实院庭长监管职责；充分发挥高中院业务指导、立审执衔接联席会议及适法疑难问题咨询系统的作用，统一法律适用，发布首批13个类案办案要件指南并嵌入智能辅助办案平台，最高法院向全国法院推广上海法院适法疑难问题咨询系统。

二是深化诉讼制度改革。根据全国人大常委会授权，积极推进民事诉讼程序繁简分流改革，出台小额诉讼、司法确认、特邀调解等10余项制度规定，有序推进改革试点。优化司法确认程序，裁定确认调解协议有效率99.9%，有效发挥司法确认程序对诉前调解的促进保障作用。扩大简易程序适用范围，小额诉讼程序和简易程序适用率达87.2%，让当事人诉讼权益尽快实现。扩大独任制适用范围，对符合条件的一审普通程序和二审案件采用独任制审理，进一步优化司法资源配置。深入推进以审判为中心的刑事诉讼制度改革，发挥庭审实质作用，严格落实罪刑法定、疑罪从无原则。

(4) 坚持从严治院，锻造忠诚干净有担当的法院队伍

一是突出抓好政治建设。巩固主题教育成果，统筹开展"四史"学习教育、"两个坚持"专题教育，制定《上海法院领导干部政治建设考察实施办法》，加强干部政治素质考察，强化队伍政治担当。认真接受市委巡视组监督，对巡视组反馈意见做到边查边改、即知即改、立行立改。制定《关于加强和改进直属机关党的建设的实施意见》，建立党建工作责任制考核评价体系，在全市法院开展党建创新案例评选，提升基层党组织组织力。

二是加强高素质队伍建设。进一步完善法官遴选的考核内容和标准，常态化开展法官遴选和择优选升工作。制定和实施新一轮教育培训规划，完善分层分类培训机制，协同推进线上线下培训，全面清理与《民法典》相关的办案指导文件、类案办案要件指南及参考性案例，积极做好《民法典》实施准备工作。制定加强和改进领导班子建设实施办法和优秀年轻干部培养选拔若干意见，开展"邹碧华式好法官、好干部"、上海法院"十佳青年"等评优活动，形成正确激励导向。

三是持之以恒正风肃纪。组织开展司法巡查、司法作风专项督察、执行案件"一案双查"，严肃监督执纪问责，共立案查处违反党纪政纪案件20件22人，涉嫌犯罪移送司法1件1人。深化细化全面从严治党"四责协同"机制，制定落实全面从严治党主体责任实施办法，将责任落实情况纳入审务督察、司法巡查以及领导干部考核评价体系，在全市法院建立纪检监察组列席审判委员会会议制度，进一步发挥纪检监督作用。

（5）主动接受监督，不断提升法院工作水平

第一，自觉接受人大监督。落实市人大常委会规范性文件备案审查制度，按期完成报备工作。组织做好海事、知识产权、金融三家专门法院首次向上海市人大常委会汇报工作，开展市人大代表集中视察活动，听取意见建议。向上海市人大常委会专题报告环境资源司法保障情况、转交涉诉信访事项办理情况、代表建议办理情况，认真落实审议意见，推动法院工作。

第二，认真接受政协民主监督。向市政协专题通报法院工作，认真接受监督。做好市政协委员集中视察法院执行机制改革活动，进一步推动执行工作。通过线上线下相结合的形式，邀请政协委员视察法院、旁听庭审、见证执行。

第三，依法接受检察机关法律监督。积极配合检察机关履行诉讼监督职责，审结检察机关对生效裁判提出的抗诉案件99件，其中改判、发回重审82件，维持10件，以调解、撤诉等方式结案7件。

第四，广泛接受社会各界监督。依法将司法活动向当事人和社会主动公开，召开新闻发布会45场，通过微博、微信、抖音等新媒体发布信息2.5

万条,加大庭审直播力度,让人民群众看得见、感受到公平正义。

2. 检察院工作回顾总结

过去一年,全市检察机关坚持以习近平新时代中国特色社会主义思想为指导,全面学习贯彻习近平法治思想,在市委和最高检的坚强领导下,在市人大及其常委会的有力监督下,在市政府、市政协和社会各界的大力支持下,一手抓司法办案、一手抓履职抗疫,全心全意"为大局服务、为人民司法",各项工作在深化改革中稳进,在创新发展中提升,"十三五"检察规划圆满收官,为"十四五"时期再上新台阶奠定了基础、积蓄了力量。

(1) 坚持人民至上,努力做好建设人民城市的检察文章

认真落实"人民城市人民建,人民城市为人民"重要理念,紧扣超大城市特点,紧贴美好生活需求,服务"六稳""六保",精细化做好司法为民各项工作,让司法更有力量、更有温度。

一是为疫情防控提供有力的司法保障。制定疫情期间检察工作指引和系列问题解答,研究出台"云办案"工作规范,保障办案不停、不拖。全力服务复工复产,从严打击侵害企业合法权益的合同诈骗、职务侵占等犯罪,对涉企案件依法决定不捕不诉、建议变更羁押强制措施、适用缓刑等,最大限度减少对企业生产经营活动的影响。建立涉疫法律服务志愿团队,创新电子卷宗异地阅卷工作,把"不接触的服务"送到群众身边。

二是深化扫黑除恶保卫安宁。深入"打伞破网",推进落实"六清"工作,受理的中央督导组督办线索已全部办结。坚持"一个不放过,一个不凑数"。着眼于长效常治,就"敲墙党"等制发检察建议27件,开展涉信息网络黑恶犯罪专项整治,部署财产刑专项检察,深入净网清源、打财断血。

三是严惩民生犯罪守护幸福。对严重暴力犯罪批准逮捕587人、提起公诉617人。深入推进打击惩治"套路贷"犯罪专项行动,批准逮捕291人、提起公诉646人。维护城市公共安全,起诉道路交通安全、生产安全等领域犯罪4898人,共同治理高空抛物、城市窨井盖问题,守护群众头顶和脚下安全。对破坏环境资源犯罪批准逮捕121人、提起公诉556人,积极配合中

央环保督察，立案公益诉讼10件，并探索"河长+检察长"等共治模式。深入开展落实食品药品安全"四个最严"要求专项行动，起诉59人，李某等人生产、销售假药案被中央依法治国办等五部门评为典型案例。持续严打电信网络诈骗犯罪，批准逮捕1521人、提起公诉2122人、追捕追诉236人。

四是推动城市治理回应公众关切。针对食品安全、共享汽车等治理难点热点，制发检察建议607件。对接城市数字化转型，设立智联检察中心，在惩治互联网犯罪、参与网络空间治理、促进人工智能规范发展等方面走在全国检察机关前列。加强特殊群体司法保护，对642名罪错未成年人开展精准帮教，首创的"一站式"取证保护等制度被《未成年人保护法》吸收；深化涉老检察工作，探索完善案件专办、指定辩护、心理疏导等工作机制，筑牢"一老一少"的"司法护栏"。落实普法责任制，开展《民法典》、公益诉讼、疫情防控等专题法治宣传，提升公众法治意识。

（2）围绕中心工作，着力提升服务高质量发展的检察能级

一是坚持中心工作在哪里，检察工作就延伸到哪里。聚焦国家战略新进度、中心工作新阶段，全方位升级服务大局的"检察方案"。深化服务"三大任务、一大平台"。保障科创板注册制改革，推出五大项20条服务举措，实行案件集中管辖，探索先行赔付、公益检察等证券投资者保护新机制。出台服务保障临港新片区建设"22条意见"，设立新片区知识产权保护中心和检察服务基地，为自贸区营造法治化营商环境。深化长三角检察协作机制，牵头开展的环太湖流域生态环境保护三年行动取得实效。在最高检统筹指导下，聚焦生态环境行政公益诉讼，建立全流域跨省管辖协作机制。组建服务保障进博会长三角检察联合专班，完善"涉博"案件专办机制，推动建立入展人员"黑名单"制度，有力保障"越办越好"。

二是持续优化法治化营商环境。认真贯彻《上海市优化营商环境条例》，开展专项检察行动，分解并落实22项重点任务。加大清理涉企刑事诉讼"挂案"力度，监督纠正立而不侦、久拖不决等案件84件90人，依法保障企业合法权益。落实知识产权"严保护、大保护、快保护、同保护"

要求，起诉知识产权犯罪 1289 人，同比上升 85%，6 起案件分别入选最高检、国家版权局等年度典型案例。

三是维护金融秩序和金融安全。对金融犯罪案件批准逮捕 1289 人、提起公诉 2874 人，同比分别下降 42.2% 和 4.6%，多方治理初显成效。办理"证大系""厚本金融"等最高检督办案件、全国首例"虚假申报型"操纵证券市场案等新型案件，率先在证券领域适用"从业禁止"。加大对洗钱犯罪打击力度，批准逮捕 16 人、提起公诉 35 人，与公安、法院、央行、海关等单位建立线索移送、办案协作等机制。持续加强追赃挽损工作，深化易贬损财物先行处置，探索债权转股权、参与分配执行款等方式，最大力度追回投资人损失。聚焦私募基金、证券信托等领域，加强类案分析研判，首次向国家级机构制发检察建议，促进完善监管、防控风险。

（3）对标"五个过硬"，持续锻造高素质专业化的检察队伍

坚持以党建带队建，教育引导检察队伍坚定理想信念、更新司法理念、培育职业精神、练就过硬本领，切实体现现代化国际大都市的高标准、严要求。

一是以政治建设为统领。坚持常态化政治学习，深入学习贯彻习近平新时代中国特色社会主义思想，系统学习习近平法治思想，认真开展"四史"学习教育，不断增强"四个意识"、坚定"四个自信"、坚决做到"两个维护"。认真接受最高检和市委巡视，坚决落实整改要求，以政治体检促进担当作为。

二是以能力建设为关键。持续培养核心能力、做强核心团队，深化证券期货、知识产权、人工智能等 13 支专业化办案团队建设，通过重大专案、重大课题、重要专项"压担子"，切实拉长能力长板、打造人才高峰。连续四年推进的青年干部实战研习如期完成，为事业发展提供人才保障。推进同堂培训，与市监委、市高院、市司法局等举办职务犯罪查办、《民法典》等联合培训，组建长三角检察精品课程库和师资库。

三是以深化改革为动力。加强改革系统集成，出台实施方案，落实 10 方面 41 项改革任务。根据业务格局调整，及时修订检察官权力清单。创新

检务管理模式，全面落实案件质量评价指标，深入推进检察官业绩考评，切实形成"以办案质效论英雄"的良好导向。放权的同时强化内部监督，常态化开展案件质量评查，对认罪认罚案件决定不起诉、法院改变量刑建议等重点案件组织专项评查。率先试点全国检察机关统一业务应用系统2.0，研发公益诉讼辅助办案等平台，加强数据应用与治理，提升数据驱动水平。探索邀请专门技术人员参与办案，并在全国率先出台相关实施意见，入选最高检首批检察改革典型案例。

四是以从严治检为保障。深化"四责协同"机制，制定全面从严治检主体责任清单。认真落实中央防止干预司法"三个规定"，规范检察权行使，严防人情案、关系案、金钱案。聚焦认罪认罚从宽、羁押必要性审查等改革任务，围绕检察办案新模式新风险，在全国率先构建廉政风险防控机制，确保放权不放任、用权受监督。

五是以基层基础为重心。着力抓基层打基础，优化基层院班子结构，完善检察官员额统筹管理、跨院遴选等机制，创新基层院考核模式，推动社区检察室转型建设，把更多资源和力量向一线倾斜，让人民群众有更直接、更充实的获得感。深耕基层院"一院一品"建设，形成长江入海口的检察守护、党旗红引领检察蓝等27个特色项目组成的"品牌矩阵"，全面展示上海基层检察院首创精神和奋斗风采。

（4）自觉接受监督，认真答好人民满意的检察答卷

创造条件、畅通渠道请人民参与、让人民监督，在自觉接受监督中听民意、聚民智、解民忧，用心用情求极致做好各项工作，努力做到不负重托、不负期待。

第一，积极接受人大监督。认真履行接受人大监督的宪法义务，拓展深度、创新方式，构建看、听、评、议全方位接受监督模式。向市人大常委会报告生态环境和资源保护司法保障工作，积极配合开展优化营商环境专项监督，完善市人大转交涉法涉诉信访事项办理机制。认真办理"提升检察建议刚性""拓展公益诉讼范围"等代表建议16件，2/3的代表建议通过纳入立法、形成制度、专项行动等实现成果转化。

第二，主动接受民主监督。以通报检察工作、邀请视察观摩、联合调查研究等多种形式，全面听取政协委员意见建议。认真办理"构建监督协作机制""优化法治化营商环境"等提案12件，并推动相关体制机制落地。在智慧借助、法律研讨、行业治理、检企沟通等方面，充分发挥政协委员的专业优势，同心建言咨政、同向凝聚共识，帮助检察工作持续发展进步。

第三，依法接受履职制约。严格执行有关法律规定，依法接受监察委、法院和公安等部门履职制约，定期开展办案情况会商通报。对公安机关提请复议复核的不批捕、不起诉案件，严格依法重新审查，改变原决定3人。对法院作出无罪判决、诉判不一案件逐案评查，不断提高审查起诉质量。

第四，广泛接受社会监督。制定《办案活动接受人民监督员监督的实施细则》，邀请人民监督员监督办案781人次。积极听取律师意见，依法审查办理71件阻碍律师行使诉讼权利的控告申诉案件，主动解决异地阅卷难、疫期会见难等问题。完善公开听证制度，加强听证室规范化建设，组织各类公开听证1129场。依法公开法律文书和案件信息，切实做到应公开尽公开。自觉接受舆论监督，重视从媒体视角、网民意见中查找不足，反向检视和改进工作。

（二）2020年持续深化司法体制综合配套改革的工作亮点

2020年上海法院与检察院坚持持续深化司法体制综合配套改革，通过改革促进实现社会公平正义以及维护人民群众根本利益，其间形成了一批具有创新意义或显著成效的工作亮点。

1. 法院工作亮点

2020年上海法院的工作亮点集中体现在"科技便民"方面。为进一步优化法院的司法服务体系，上海法院主动融入基层解纷网络，搭建诉调对接线上平台，全面建设一站式多元解纷和诉讼服务体系。为节约司法资源、提高庭审质效，上海法院积极推进智慧法院建设，加快打造全流程网上办案体系。此外，为更大力度保护中小投资者合法权益，上海金融法院在全国首创"中小投资者保护舱"，打造上海金融司法服务品牌。

（1）全面建设一站式多元解纷和诉讼服务体系

主动融入基层解纷网络，搭建诉调对接线上平台，与全市多家人民调解组织以及经贸、银行、证券等行业调解组织互联互通，实现矛盾纠纷"远程调解、一网解纷"。通过升级网上诉讼服务平台、设置"诉讼服务智慧舱"等举措，为当事人提供自助立案、线上保全、在线庭审、财产查控、智能答疑等全流程诉讼服务，初步构建从起诉立案到宣判执行的在线诉讼工作闭环，让当事人切身感受"指尖诉讼"的便利。坚持问题导向，在全国率先开发立案系统"智能审查"功能，针对符合立案条件、审查期限满7日的案件和调解满2个月的诉调案件由系统自动转为立案，推动立案期限"刚性约束"。

（2）推进智慧法院建设

以电子卷宗随案同步生成、在线庭审、电子档案单套制改革、智能辅助办案系统运用为重点，加快打造全流程网上办案体系。全市法院卷宗电子化率和电子卷宗覆盖率位居全国法院前列，市高院被国家档案局确定为全国电子档案单套制改革试点单位，目前实现电子卷宗"一键归档"的案件4.2万件。大力开展庭审记录方式改革，在简单案件中以录音录像和音字自动转换替代传统的人工笔录，建成支持庭审记录方式改革的法庭381个，完成庭审6.7万场，在节约司法资源的同时提高了庭审质效。深入推进"上海刑事案件智能辅助办案系统"应用，目前已覆盖刑事案件侦查、起诉、审判、执行各个环节，并在全国多个省市推广。

（3）在全国首创"中小投资者保护舱"

为进一步加大证券发行注册制改革背景下对投资者的保护和权利救济力度，2020年7月14日，上海金融法院正式启用自主研发的最新司法科技应用成果——"中小投资者保护舱"。正式启用"中小投资者保护舱"，这既是注册制改革背景下更大力度保护中小投资者合法权益的重要司法实践，也是贯彻落实最高人民法院两个"一站式"诉讼服务体系建设目标任务、打造上海金融司法服务品牌的重大创新举措。其"无纸化"立案、"一站式"诉讼体验以及"智能化"风险评估功能，能够满足投资者的多元化司法需求，有效降低中小投资者维权成本。

2. 检察院工作亮点

2020年上海检察院的工作亮点集中体现在"检察为民"方面。为结合各区亮点、特色，上海检察院深耕基层院"一院一品"建设，打造"一院一品"矩阵，优化各区检察服务。为最大限度保护未成年人的合法权益，上海检察院首创"一站式"取证保护制度，最大限度避免反复取证给未成年被害人造成"二次伤害"。此外，上海检察院创新检察服务，护航浦东高水平改革开放，服务金融开放和金融创新，保障做强创新引擎。

（1）深耕基层院"一院一品"建设

形成长江入海口的检察守护、党旗红引领检察蓝等27个特色项目组成的"品牌矩阵"，包括"浦东检察：以'精'攻'专'的专业化检察官办案组""黄浦检察：党旗红引领检察蓝""徐汇检察：'漕河泾检察官工作室'营业ing""长宁检察：云经济新生活我守护""静安检察：涉老检察有铁臂有柔情""普陀检察：打造乘风破浪的网络净土""虹口检察：以'公'之名护民之'益'""杨浦检察：检察案例点亮法治星空""宝山检察：助力企业刑事合规""闵行检察：当检察官遇上KPI""嘉定检察：'七色花'开绽放未来""金山检察：亮'剑'""松江检察：G60科创走廊护行者""青浦检察：三城记""奉贤检察：'三步服务法'让美谷更美""崇明检察：长江入海口的检察守护""上海铁检：'DEF'守护美好生活"等，全面展示上海基层检察院首创精神和奋斗风采，部分"品牌"形成可复制、可推广的上海经验，获最高检肯定。

（2）首创"一站式"取证保护制度

2020年9月17日，上海市检察机关与公安机关会签《关于进一步规范性侵害案件未成年被害人"一站式"取证保护工作的实施意见》，从场所选择、功能要求、取证规范、救助保护等各个方面对"一站式"取证保护制度进行规范，最大限度避免反复取证给未成年被害人造成"二次伤害"。其明确要求"一站式"办案场所应营造私密轻松的内部环境，使未成年被害人从心理上感到安全，能够自然陈述事实；应选派熟悉未成年人身心特点的女性侦查人员对未成年被害人进行询问，询问过程应同步录音录像；应根据需要及时委托或者联合其他职能部门、群团组织，对未成年被害人开展同步救助保护，最大限度保护未成年人的合法权益，体现司法的人文关怀。该制度被《未成年人保护法》吸收。

（3）护航浦东高水平改革开放

精准对接浦东发展新定位和法治新需求，推出20条检察服务保障举措。聚焦浦东硬核产业，严厉打击妨害科技创新犯罪，积极办理专利"碰瓷"等新型案件，完善派驻新区知识产权局、张江高新科技园检察官办公室工作机制，保障做强创新引擎。服务金融开放和金融创新，依法打击以私募基金、场外配资名义，利用先行先试政策实施的金融犯罪。浦东新区检察院在全国率先试点企业合规管理工作，进一步激发市场主体活力，助力企业长远健康发展。

四 2021年上海法治建设展望

2021年是中国共产党建党100周年，是"十四五"规划开局之年，也是全面建设社会主义现代化国家新征程开启之年。做好2021年上海法治建设工作，要以习近平新时代中国特色社会主义思想、习近平法治思想为指导，全面贯彻党的十九大和十九届二中、三中、四中、五中全会精神，深入学习贯彻习近平总书记考察上海重要讲话精神和在浦东开发开放三十周年庆祝大会上重要讲话精神，按照十一届市委十次全会部署，坚持稳中求进工作总基调，立足新发展阶段，贯彻新发展理念，服务新发展格局，以推动高质量发展、创造高品质生活、实现高效能治理为目标导向，以推进浦东高水平改革开放和三项新的重大任务为战略牵引，以强化"四大功能"、深化"五个中心"建设、推动城市数字化转型、提升城市能级和核心竞争力为主攻方向，坚持系统观念，巩固拓展疫情防控和经济社会发展成果，更好地统筹发展和安全，扎实做好"六稳"工作、全面落实"六保"任务，加快打造国内大循环的中心节点、国内国际双循环的战略链接，确保经济持续健康发展和社会大局稳定，确保"十四五"开好局，以优异成绩庆祝中国共产党成立100周年。

（一）大力推进依法治理，进一步优化法治制度保障

2021年，上海市人大常委会提出立足新发展阶段、贯彻新发展理念、服务新发展格局，以推动高质量发展、创造高品质生活、实现高效能治理为目标导向，展现更加奋发有为的工作姿态，充分发挥人大职能作用，不断增强彰显制度优势的坚定性、推动和保障人民城市建设的自觉性、实现全过程民主的探索性，助力上海经济社会发展和改革攻坚。

第一，聚焦深层次改革和高水平开放，更进一步推进政府立法工作。根据改革需要精准配置立法资源，增强地方立法的准确性、精细度和可操作性。围绕改革开放细则，上海深化落实"五型经济"发展、城市数字化转型等重点工作，强化立法全过程管理，加强立法宣传工作。继续审议《上海市促进多元化解矛盾纠纷条例》《上海市非机动车安全管理条例》《上海市发展中医药条例》，制定或修改自贸试验区临港新片区、公共数据管理、"一网通办"法治保障、黄浦江苏州河滨水公共区域管理、加强国有资产管理情况监督、安全生产、野生动物保护等地方性法规的贯彻实施。同时积极推进通信基础设施建设和未成年人科学技术普及等法规起草进程，适时提请审议。以庆祝建党100周年为契机，制定红色资源传承弘扬和保护利用条例。会同浦东新区及时把党中央有关法治保障措施落地落实，会同苏浙皖深化长三角协同立法，共同制定有关促进和保障长江流域禁捕的法律性问题决定，规范长三角生态区绿色健康发展细则等。

第二，强调代表主体工作职责，提升代表开展民生工作保障水平。贯彻落实政府相关意见，促进基层立法工作顺利开展，从参与立法向监督执法、促进守法和宣传普法延伸，打造代表反映社情民意、服务人民群众的制度化平台。进一步深化常委会组成人员与代表的联系，推进代表参与常委会、各委员会工作常态化。建立代表议案建议内容和最终办理结果在"上海人大网"公开展示机制，选编高质量代表建议和承办单位答复案例，建立完善

协同督办工作机制，努力把"内容高质量、办理高质量"的要求落到实处。发挥反映社情民意平台的功能优势，梳理代表建议最集中、反映最突出的问题，落实到位并提出实际有效的建议，推动工作有序进行。用好各类新闻媒体平台，扩大代表基层工作的宣传力度，讲好民间故事，展现各级人大代表履行政府职责的友好风采。贯彻落实新型人大选举法，加强对各区和各级乡镇人大代表换届选举有关工作的组织指导，适当控制或增加县和基层人大代表选举数量，进一步完善优化人大代表选举结构，确保换届选出的人大代表忠实并能代表广大人民的一切意志，全心全意地为广大人民群众服务。

第三，聚焦各层机关建设，进一步提升机关工作质效。坚持党的绝对领导，发挥主体效应，着力加强政治建设，提升代表的政治觉悟。充分优化立法监督力量，不断提高组成人员把握全局、调查研究、反映民意、完善法治、督促落实的履职本领。充分发挥上海人大工作研究会平台作用，为其履职管理提供多方面的人力资源支持。加强社区基层人大组织建设，进一步扎实推进各社区、乡镇以及各个街道人大工委的职能发挥，做到与人民群众及时沟通。推动市人大工作会议确定的基层人大机关组织建设各项要求和措施落实到位。扎实深入推进党的从严治党和人大党风廉政体系建设，着力培养打造一批业务管理能力过硬的人大法治干部队伍，加强优秀人大法治专业人才培养，推动人大法治工作不断升级，展现新气象、迈向新台阶。

第四，聚焦强化"四大功能"和人民城市建设，改进监督方式方法，深层次扩大监督强度，及时落实工作进度，进一步增强监督的实效性。在2021年特殊之年，为推动上海"十四五"发展顺利开局，监督工作任重而道远。严格依据法律规定开展执法检查，强化执法检查的法律巡视功能，对上海贯彻实施《长江保护法》《农民专业合作社法》和上海实施办法、《推进科技创新中心建设条例》《关于促进和保障崇明世界级生态岛建设的决定》《公共卫生应急管理条例》《养老服务条例》等情况开展例行检查，并作出"八五"普法决议。加强商事审判、反腐败国际追逃追赃、生活垃圾管理、旧区改造和老旧住房综合改造、华侨权益保护，实施乡村振兴战略，有效改善农民生活状况等。聚焦重点难点问题，加快高质量一体化发展，就人工智能产业优化发展、城市数字化转型、产业园区转型升级等开展专题调研。听取市政府关于推进浦东高水平改革开放、实施"民心工程"等重大事项报告。为充分发挥市人大各专门常务委员会在财政预算草案审查工作监督管理中的重要作用，需要各部门统计、整理审计工作中的重难点情况，根据不同情况采取针对性措施；对于查处的相关审计问题，及时形成报告、提出整改措施；及时追踪事件后续，完善政策监督机制。

（二）不断优化政府治理，进一步推进法治政府建设

2021年，上海将加快建设职责明确、依法行政的政府治理体系。

第一，持续健全依法行政制度体系。坚持以法治定规矩、划界限、促治理，认真实施《民法典》等法律法规，进一步强化、优化法治政府建设。提高政府立法和决策质量，强化公共卫生等重点领域建章立制，制定涉企政策充分听取相关企业和行业协会商会的意见。组建街道乡镇综合行政执法机构，下沉执法权限和力量，促进严格规范公正文明执法。切实加强基层基础建设，强化监督，深化政务公开，完成行政复议体制改革，加强审计监督，依法接受市人大及其常委会监督，自觉接受市政协民主监督，自觉接受法律监察和人民监督。

第二，持续加快优化法治环境。开展营商环境创新试点，实施新一轮营商环境改革方案。深化"放管服"改革，将全市所有涉企经营许可事项纳入"证照分离"改革，探索行业综合许可制度，广泛推行告知承诺制。实现应急管理等重点领域"互联网＋监管"全覆盖，构建公共信用信息常态化修复机制。加强规制，提升监管能力，强化反垄断、反不正当竞争。持续拓展减税降费成效，优化财政支出结构，实施政府购买服务负面清单管理，部门一般性支出继续压减10%。坚持不懈强基层，切实为基层减负，健全下沉街镇、居村事项准入机制，统筹基层工作力量，实施社区工作者增能计划，开展居村委会换届选举，培育发展社会组织。发挥工会、共青团、妇联等群团组织在社会治理中的作用。做好民族宗教工作，创新人口服务管理，提高信访和人民建议工作水平，畅通与群众的"连心桥"。

第三，持续加强法治宣传和法律服务。2021年是推进实施"八五"普法规划开局之年。新的一年，上海市普法工作要落实"谁执法谁普法"的普法责任制，注重在日常行业监管、行政执法中，实时开展普法，提高普法成效，主要做好三方面"相结合"。一是与执法检查相结合。在开展建设工程安全质量、建筑市场行为、码头堆场、市政排水等行政检查时，实时对行政管理相对人开展法治宣传教育，指出存在问题、违法行为违反法律法规规定的具体条款。在行政处罚调查询问笔录、行政处罚事先告知、陈述申辩等环节，对行政管理相对人实时宣传有关法律法规，提高行政管理相对人的法治意识，增强行政处罚效果。加强以案释法，健全以案释法工作机制，畅通案例信息报送渠道，放大行政处罚的警示教育效应。二是与行政审批相结合。在办理建筑、市政、水务、交通等行政审批过程中，以及事中事后监管、撤销行政许可中，实时宣传《优化营商环境条例》及建设管理相关法律法规。继续组织建设工程招标参与各方签署《不参与围标串标承诺书》，评委专家签署《上海市建设工程咨询行业抵制围标串标倡议书》。三是与政务公开相结合。落实行政执法公示制度，修订完善市政府"一网通办"中行政许可、行政处罚等事项的办事指南、法律依据，及时在市主管部门网站、区政府网站上公示行政许可、行政处罚结果等信息。

（三）持续推进司法改革，进一步提升司法公信质效

2021年是"十四五"开局之年，上海各级法院系统将继续科学准确把握新发展方向，有效学习贯彻严格执行国家发展战略新理念，聚焦法院改革新形势，全面落实深化法院司法审判责任制，完善法院审判运行制约权和监督管理体系，确保审判权责一致，深化改革推动法院高质量发展，让广大法官能够集中精力办好案、尽好责；以城市数字化转型为契机，打造现代化智慧法院应用体系，推动法院工作实施智能化网上办理，实现执法办案过程中的全程监督。

第一，以更高站位把牢政治方向。始终坚持把党的政治建设摆在首位，逐步深化教育理念，巩固政府工作成果。认真落实市直机关专项巡视工作，

对巡视中部门整改工作及时开展检查研究，并结合梳理制定的巡视部门整改责任实施方案，逐项落实巡视整改责任，确保取得成效。全面深入加强基层组织队伍体系建设，让基层党建与审判执行等相关工作相互促进、有机结合。建立贴合基层实际的监督方法，保证基层工作的有效开展。

第二，以更大力度深化司法改革。全面落实深化刑事司法改革责任制，聚焦深化司法体制改革相关重点领域工作，促进刑事审判机关法律制约力和监督管理体系的逐步形成，进一步建立完善我国民事案件繁简程序分流处理机制，深化以刑事审判机关为权力中心的刑事诉讼权力制度结构改革，整合社会力量、释放社会潜力、激发社会活力，推动我国实现刑事审判权力资源优化合理配置、司法管理效能全面稳步提升。

第三，以更实际的举措努力维护社会司法公正。深入学习把握《民法典》中的本质法律精神和把握核心民法要义，开展《民法典》普法宣传工作，依法落实政府职责，妥善处理、高效解决繁杂的民事案件，维护好人民群众合法权益。深入推进高质量审判，逐步健全司法工作的案件质量评估体系，切实解决群众关切的司法难题，进一步提高司法工作质量。全面推进深化改革多元诉讼纠纷处理和司法诉讼代理服务体制机制建设，提升多元解纷处理能力和司法诉讼代理服务体系品质，增强广大人民群众对于我国司法诉讼工作的政治认同感和社会参与感。

第四，以更大作为服务保障大局。深入贯彻学习党中央紧紧围绕"三项新的重大任务"、"四大功能"、"五型经济"、浦东高水平改革开放等重大发展战略的重要部署精神，充分发挥各级司法部门职能作用，完善强化司法相关政策支持举措，精准司法服务，切实做好"六稳"各项工作，以切实可行的司法措施贯彻落实"六保"工作任务，为国民经济高质量健康发展提供有力的司法政策保障。深入改革推进刑事审判重点业务环节执行流程优化再造，对标最高执行标准、最好执行水平，持续优化司法时间、成本、程序质量等指标，助力形成国际一流的法治化营商环境。认真学习贯彻落实中央《法治社会建设实施纲要（2020—2025年）》《法治中国建设规划（2020—2025年）》，聚焦围绕人民群众城市建设的战略目标，积极参与社会经济治理体制创新，严格遵守法规法纪，对违法群众依法行使惩治违法犯罪权力。同时强化各级政府部门监督管理职责，有效组织防控化解重大社会风险，使上海法治城市建设各项工作继续取得卓越成效，提升上海这座城市的核心法治竞争力。

2021年，上海市各级检察机关认真贯彻落实习近平总书记关于政法工作的重要指示精神，坚守社会主义公平正义价值取向，更加注重党的制度观念、法治思维，坚持基本权威，按照党中央、市委和最高检的部署，进一步增强政治意识和自觉，践行司法为民的初心和使命，有力地保障高质量的发展和高品质的人民生活、高效能的综合治理；进一步增强法治的自觉性，有力地促进上海法治城市建设；进一步增强检察自觉，更好地履行司法和监督检察工作的宪法职责，有力地提升检察工作的司法素质和司法公信度，切实用检察工作的高质量发展服务经济社会的高质量发展。

第一，以提升服务大局、司法为民成效为导向，全力保障"十四五"开好局、起好步。深耕自贸检察、金融检察、知识产权检察等特色工作，加快专业化检察机构建设，探索对接国际通行规则，助力国际国内相关战略实施。全力服务"六稳""六保"，部署优化营商环境，创新检察工作参与社会治理的途径和方式，服务疫情防控常态化和经济社会新发展。紧贴安全、生态、养老、教育、医疗等民生重点领域，加强司法供给，优化司法服务，为人民城市建设提供有力的司法保障。

第二，以进一步提升《民法典》的司法监督公信力为政策导向，着力支持法律监督的全面、协调和充分发展，保障《民法典》的法律统一和执行。深入贯彻落实国家宽严相济的刑事诉讼政策，推动完善部分罪名立案标准，深化落实认罪认罚从宽制度，促进社会的安定与和谐。持续加大同类问题的监督力度，有效节约司法资源的同时，开展违规减刑、假释、暂予监外执行等专项排查和整治，深化虚假投诉、民事执行、管辖区内行政纠纷实质性化解等专项治理检察工作。加大对新领域的探索力度，推动破解执法司法和公益保护突出问题。加强执法司法协同联动，推动专职检察官联络、巡回检察、行政检察监督办公室等机制更显实效，共同提高依法治市水平。

第三，以提升检察改革效能为导向，持续加强改革攻坚和系统集成。深入推进政法领域全面深化改革、司法责任制全面改革，项目化落实41项新的改革任务。推进执法和司法制约监督体系的改革与建设，从强化自我监督做起，压实检察长、部门主任等的监督管理责任，进一步狠抓司法责任追究、检察官惩戒、员额退出落地落实，持续构建检察权行使新机制。加强科技支撑和资源统筹，进一步打通系统内外数据壁垒，让办案、服务、管理更加智慧。科学落实案件质量评价指标，常态化开展业务数据分析会商，深化检察官业绩考评，以优化管理释放新动能。

专题篇
Special Reports

B.2
上海疫情防控和"六稳""六保"的司法保障研究

上海市高级人民法院课题组[*]

摘 要： 为服务和保障疫情防控、"六稳""六保"工作，上海法院牢牢把握正确政治方向，切实加强组织领导，确保各项服务保障工作举措统筹推进；完善制度规范，推进适法统一，引导和稳定社会对司法的合理预期；融合线上线下服务，积极回应群众司法需求，促进矛盾纠纷高效化解；依法惩治涉疫情违法犯罪行为，努力营造安定的社会治安环境；聚焦民生热点，高效化解涉疫情民商事纠纷，努力营造更加稳定公开透明、可预期的法治化营商环境；健全完善企业救助和退出机

---

[*] 课题主持人：刘晓云，上海市高级人民法院党组书记、院长。课题组成员：顾全，上海市高级人民法院研究室主任、司改办副主任；陈树森，上海市高级人民法院研究室副主任；高佳运，上海市高级人民法院研究室调研四科科长；邓梦婷，上海市高级人民法院研究室调研四科法官助理。

制，助力企业纾难解困，保障国家金融支持政策落地实施；强化善意文明执行，提升执行工作的规范化和精准化水平，保障防疫物资生产企业正常经营。

关键词： 疫情防控 "六稳""六保" 司法服务保障

习近平总书记在 2020 年 2 月 5 日下午主持召开中央全面依法治国委员会第三次会议中提出，要完善疫情防控相关立法，加强配套制度建设，完善处罚程序，强化公共安全保障，构建系统完备、科学规范、运行有效的疫情防控法律体系。我国疫情防控法律体系的健全完善是一项全面的系统化工程，需要坚持系统性、科学性和有效性相结合，为疫情防控提供有力的法治保障。司法是社会治理和法治保障有效衔接的关键要素，开展好疫情防控、"六稳"和"六保"工作需要有力的司法服务和保障。

一 为疫情防控、"六稳"和"六保"工作提供有力司法服务保障的重要意义

（一）为疫情防控和"六稳""六保"工作提供司法服务保障是加强疫情防控的有效举措

做好新冠肺炎疫情防控是当前一项至关重要的工作。充分认识司法服务保障疫情防控工作的重要性、紧迫性和艰巨性，切实把思想和行动统一到中央、市委、最高法院的决策部署和工作要求上来，有利于提升依法防控、依法治理能力，推动完善重大疫情防控体制机制建设，科学精准打赢疫情防控战。

（二）为疫情防控和"六稳""六保"工作提供司法服务保障是维护社会安定有序的重要保障

新冠肺炎疫情严重影响了人民身体健康和日常生活，应急状态下的防控

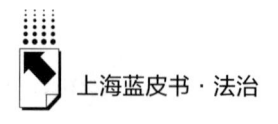

措施打破了常规状态下的社会秩序，导致正常利益关系失去平衡，易引发与疫情防控有关的刑事案件和与民生密切相关的民事纠纷。充分发挥审判职能作用，依法从严惩处抗拒疫情防控措施、故意传播病原体、侵犯医务人员安全、制假售假等妨害疫情防控的违法犯罪行为，妥善处理涉疫情房屋买卖、房屋租赁、劳动争议、民间借贷、旅游餐饮、医疗损害、消费者权益保护等民事纠纷，有利于维护社会稳定，切实保障人民群众的生命财产安全和身体健康。

（三）为疫情防控和"六稳""六保"工作提供司法服务保障是促进经济健康发展的有力保障

新冠肺炎疫情不仅严重影响了人民正常生活，也影响了企业的正常经营。在疫情影响和经济下行压力双重作用下，部分企业特别是民营企业、中小企业生产经营面临困难，为营造良好的法治化营商环境提供有力的司法服务保障，有利于减轻疫情对各项合法权益造成的不良影响，助力企业复工复产，促进经济社会秩序全面恢复。

二 上海法院开展疫情防控、服务"六稳""六保"工作的主要做法

上海法院认真贯彻落实中央政法委《关于依法保障和服务疫情防控常态化条件下经济社会发展的指导意见》和市委的分工方案，坚持服务大局、司法为民、公正司法，充分发挥审判职能作用，切实找准结合点、切入点，精准服务"六稳""六保"，为常态化疫情防控和经济社会发展提供有力的司法保障。

（一）牢牢把握正确政治方向，切实加强组织领导，确保各项服务保障工作举措统筹推进

上海法院始终坚持党对司法工作的绝对领导，坚决贯彻党中央决策部

署，不断增强责任感、使命感，全力以赴投入疫情防控人民战争、总体战、阻击战中。新冠肺炎疫情发生以来，上海高院第一时间成立了疫情防控工作领导小组，统筹抓好疫情防控和审判执行工作，确保两不误、两促进。全市各法院均第一时间成立了以主要负责人为组长、相关职能部门负责同志为成员的疫情防控工作领导小组，明确工作要求，细化职责分工，严格落实责任，确保各项工作举措落实到位。同时，积极号召全市法院党员干警到疫情防控第一线，共选派干警到机场、高速道口等防疫一线177批1715人次。全市各法院积极配合并协助属地党委、政府及相关单位做好疫情监测、排查、预警等工作。

（二）完善制度规范，推进适法统一，引导和稳定社会对司法的合理预期

上海高院研究制定《关于充分发挥审判职能作用为依法防控疫情提供司法服务和保障的指导意见》，从十个方面提出26项举措；研究出台《关于涉新冠肺炎疫情案件法律适用问题的系列问答》（56个问题），针对受疫情影响大、涉及面广、处理难度大、社会关注度高的几类具体法律适用问题，提出解决建议；发布上海法院涉疫情防控和复工复产等两批15个典型案例（刑事5件、民商事6件、执行4件），加强对审判执行工作的指导，明确司法导向，助力企业复工复产，促进经济社会秩序全面恢复。2020年，全市法院受理的涉疫情案件中有2件入选全国法院依法惩处妨害疫情防控犯罪典型案例，2件入选全国法院服务保障疫情防控期间复工复产典型案例。制定《重点地区和重点国家回沪的干警及家属隔离要求》《武汉返沪人员到上海法院参加庭审等审判业务工作相关要求》《三级响应疫情防控工作调整》等工作要求，确保在常态化疫情防控机制下法院各项工作顺利开展。

（三）融合线上线下服务，积极回应群众司法需求，促进矛盾纠纷高效化解

不断加强疫情防控期间的诉权保障，大力推进在线诉讼服务，积极通过

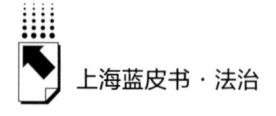

上海高院网站、上海法院12368微信公众号、上海移动微法院和市"一网通办"诉讼服务等多种在线方式，开展线上诉讼服务。强化网上多元调解，充分运用上海法院多元解纷平台和委托委派调解等方式，在线开展调解。大力推进网上庭审，发布《关于积极推广并严格规范在线庭审的通知》，院庭长带头在线办案，能够网上开庭的尽量网上开庭。同时，有序稳妥开展线下诉讼服务接待和庭审工作，严格落实预约登记、健康检测、场所消毒等工作，确保法官和当事人安全。

（四）依法惩治涉疫情违法犯罪行为，努力营造安定的社会治安环境

认真贯彻两高两部《关于依法惩治妨害新型冠状病毒感染肺炎疫情防控违法犯罪的意见》以及国家卫生健康委等《关于做好新型冠状病毒肺炎疫情防控期间保障医务人员安全维护良好医疗秩序的通知》，依法从严惩处各类妨害疫情防控的违法犯罪行为，一方面切实保障人民群众生命安全和身体健康，另一方面为企业正常生产经营营造安定的社会治安环境。

（五）聚焦民生热点，高效化解涉疫情民商事纠纷，努力营造更加稳定公开透明、可预期的法治化营商环境

依法妥善处理受疫情影响引发的各类案件，依照公平、诚实信用等原则，根据不可抗力或情势变更等相关规定，合理合法确定合同效力；坚持依法维护劳动者合法权益与促进企业生存发展并重的原则，促进劳动关系和谐稳定；严厉制裁与疫情相关的各类侵权违法行为，保障市场正常生产经营秩序。深入推进矛盾纠纷多元化解，为广大企业特别是中小企业提供更加多元、优质、便捷的纠纷解决服务。

（六）健全完善企业救助和退出机制，助力企业纾难解困，保障国家金融支持政策落地实施

依法积极稳妥推进破产案件审理，加强涉疫情防控物资生产经营企业的重整、和解工作，促使企业恢复信用和活力。服务保障各项金融服务优惠政策落地,发布《关于涉新冠肺炎疫情防控金融商事案件法律适用问题的问答》以及2019年度上海法院金融商事审判白皮书和金融商事审判十大案例,规范金融机构和市场主体的经营行为,防范金融风险。

(七)强化善意文明执行,提升执行工作的规范化和精准化水平,保障防疫物资生产企业正常经营

上海高院研究制定《关于做好防控新型冠状病毒感染肺炎疫情期间执行工作相关事项的通知》《疫情防控期间涉执行工作相关问题及解答》等文件,对防疫期间执行工作相关事项作了明确规定,详细解答了在疫情期间开展执行工作中的12个热点、重点问题,为办理执行案件提供了有力的指引。常态化开展涉民生案件专项执行行动,加大涉党政机关和国有企业拖欠民营企业、中小企业债务案件执行力度。进一步强化善意文明执行,严禁超标的查封和乱查封,最大限度降低对被执行人的不利影响。

三 涉疫情案件审理主要法律适用问题

为积极推进涉及新冠肺炎疫情案件的适法统一工作,切实提高疫情防控的法治化水平,上海高院组成涉疫情案件法律适用问题专项课题组,就当前及今后一段时间内涉及疫情案件法律适用的热点、难点问题及程序事项等进行了认真研究,主要涉及以下几个方面。

(一)处理涉疫情合同纠纷案件的基本原则

处理涉及新冠肺炎疫情的合同纠纷案件,注重把握四个方面的原则:一是坚持利益平衡原则,妥善化解矛盾纠纷;二是坚持合同严守原则,鼓励合同按约正常履行;三是坚持公平公正原则,审慎处理合同解除问题;四是坚持实事求是原则,依法适用不可抗力或情势变更等原则。需要注意的是,有关情势变更原则的适用程序较为严格,在司法实践中须审慎把握。

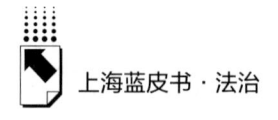

（二）涉疫情合同纠纷相关问题

一是受疫情影响导致合同履行迟延问题。在疫情防控期间，造成履行迟延等违约责任，当事人以不可抗力主张免责时应区分具体情况，主要看疫情防控措施对义务履行的影响。对于金钱给付义务，基于疫情防控措施一般不会影响金钱债务的履行，除非涉及金融市场延期开市等特殊情况，一般不能以疫情防控措施主张免责。对于非金钱债务的履行，例如货物买卖的出卖人因疫情防控需要而迟延复工、被采取隔离措施、国家征用等导致无法正常履行交货义务，一般可以不可抗力为由主张免除或部分免除履行义务或要求延期履行。二是商业用房房屋租赁问题。根据具体案情作出相应处理。如受疫情影响房屋无法正常使用，承租人以此要求出租人减免房租的，一般可予支持。如疫情并未影响承租人实际占有使用房屋，仅基于疫情期间客流减少等原因造成承租人营业收益受到影响的，一般不免除承租人的租金给付义务；如对承租人营收产生重大减损的，可依据公平原则酌情调整租金。三是居住用房房屋租赁问题。首先引导当事人协商解决，协商不成的，可结合合同约定的租期及履行方式、房屋实际占有使用情况、疫情影响程度等综合考量，按照公平原则妥善处理。如因出租人主动限制或房屋所在地采取管控措施等导致承租人实际无法使用房屋，承租人提出减免租金请求的，一般予以支持。如疫情不影响承租人居住使用房屋，且承租人不存在感染新冠肺炎住院治疗或被隔离等无法使用房屋的客观情形，承租人提出减免租金请求的，一般不予支持。

（三）涉疫情破产纠纷相关问题

一是债权申报期限的确定。对于尚未确定债权申报期限的案件，应根据疫情防控要求，确定适当的债权申报期限，并视情在相关通知书及公告中明确采取非现场申报方式。二是债权申报及延期的处理。已确定债权申报期限的案件，可通知债权人或发布公告，采取非现场方式申报债权。债权申报期限即将届满的案件，可视情在《中华人民共和国企业破产法》第四十五条规定的最长债权申报期限内适当延长，并依法通知全体债权人。三是债权人会议的召开方式。疫情防控期间，债权人会议应尽量采用在线网络视频会议或其他非现场方式召开，并可视情采用书面、传真、短信、电子邮件、即时通信、通信群组网络应用服务等非现场方式进行表决。采用非现场方式召开和表决的，应当对参会和表决人员的身份及代表权进行确认，对会议过程进行有效记录保存，对记载表决内容的电子数据或其他载体及时提取和固定，并由两名以上相关工作人员签字确认。确因疫情防控需要无法按期召开债权人会议的，可视情延期，并依法通知全体债权人。四是延长债权申报期限或延期召开债权人会议的公告方式及相关要求。延长债权申报期限或延期召开债权人会议的，应当在全国企业破产重整案件信息网上发布公告并说明理由；条件允许的，还可以选择在破产案件受理法院公告栏张贴、法院官网发布、报纸刊登，或者在原定债权申报场所、原定债权人会议召开场所、债务人住所地张贴等方式进行公告。同时，可采用电话、短信、电子邮件、传真、即时通信、通信群组网络应用服务等能够确认收悉的简便方式通知债权人。五是破产案件受理期限的延长。对于已提出破产申请的案件，因疫情防控的工作要求，需要延长裁定受理期限的，可依据《中华人民共和国企业破产法》第十条第三款的规定，依法报请延长。

（四）涉疫情行政纠纷相关问题

一是公安机关在疫情防控期间对各类造谣滋事、谎报疫情等扰乱公共秩序行为作出行政处罚后，当事人不服起诉的处理问题。结合信息发布者的主观恶性程度、认知能力、其行为的社会危害程度，综合审查判断。对故意发布虚假信息，意图制造社会恐慌，公安机关根据《中华人民共和国治安管理处罚法》从重处罚的，依法予以支持。二是当事人对疫情防控期间的相关行政强制措施不服起诉的处理问题。根据《中华人民共和国行政强制法》第三条第二款，发生新冠肺炎疫情的公共卫生事件，优先适用相关法律、行政法规的规定。在案件审理中，着重审查作出行政强制措施是否具有与疫情防控有关的法律依据，如《中华人民共和国传染病防治法》《中华人民共和国突发公共卫生事件应急条例》等。在被诉行政行为认定事实清楚，适用法律正确的前提下，依法予以支持。三是公民、法人或者其他组织申请有关行政机关公开疫情防控信息，因行政机关不予答复或不予公开而向人民法院起诉的处理问题。依照《中华人民共和国政府信息公开条例》等相关规定，进行合法性审查，依法保障公民、法人和其他组织依法获取政府信息的权利。本市自2020年1月24日启动重大突发公共卫生事件一级响应，在此期间，行政机关告知申请人或来信人通过"中国上海"门户网站专栏、"上海发布"微信微博和上海市政府新闻发布会的途径获取相关疫情信息，或者以便民服务方式予以解答并提供相关材料的，依法予以支持。申请人申请公开其已知晓的疫情信息，或者请求行政机关制作、搜集疫情信息或对已有疫情信息进行汇总、分析、加工等，进而不服行政机关作出的处理、答复或者未作处理等行为而提起诉讼的，依法不予立案。

四 上海法院开展疫情防控、服务"六稳""六保"工作的下一步规划

在前期上海法院司法服务保障疫情防控、"六稳""六保"工作取得一定成效的基础上，下一步，上海法院将继续抓紧抓实抓细常态化疫情防控工作。密切关注国际国内疫情形势变化，保持警惕、严密防范，继续做好诉讼服务中心、法庭等重点区域消毒和安检工作，强化疫情防控风险排查和应急处置措施，不麻痹、不厌战、不松劲，继续做到"四个确保"，即确保全市法院每一名干警的安全，确保当事人和诉讼服务对象的安全，确保司法职能作用充分发挥，确保法院各项工作有序推进、正常运转。继续推进线上诉讼服务和在线庭审常态化。及时总结前阶段线上诉讼服务和在线庭审工作经验做法，查找不足、补齐短板，推动线上诉讼服务和在线庭审取得更大发展；加强线下服务、线下庭审工作，加快案件办理进度和提高效率，对已经延期的庭审优先排期、开庭，层层传导办案压力，努力实现全年审判质效继续走在全国法院前列的目标。继续加强涉疫情案件的审判指导。当前，涉疫情案

件社会关注度较高，稍有不慎就可能引发舆情。上海法院将继续加强对涉疫情案件特别是新类型案件的审判指导，统一裁判标准和尺度，确保政治效果、法律效果和社会效果相统一。继续服务保障复工复产复市。聚焦疫情给经济运行带来的冲击和影响，坚持走访企业，找准企业发展中的痛点、难点、堵点，特别是困扰生产经营的劳资、租赁、融资、物流等法律风险，及时推出有针对性的司法服务保障举措，帮助企业纾解困难、恢复生产，促进经济社会健康持续发展。

B.3
个人信息保护的难点和规则完善

上海市第一中级人民法院课题组*

摘　要： 个人信息保护在实践中存在若干难点："知情—同意"规则流于形式，公民难以有效控制其个人信息的收集和使用；"正当性""必要性"原则难以落地，公民个人信息被过度处理；救济途径不便利，人民群众个体维权难；非法牟利产业链呈扩散趋势，综合治理难度大。对此，建议通过强化"知情—同意"制度、细化"正当性""必要性"具体规则、畅通个人救济渠道和强化民事赔偿责任来完善个人信息保护规则，并构建个人信息权益司法救济的特别机制。

关键词： 个人信息保护　"知情—同意"规则　正当性规则　必要性规则

近年来互联网经济迅速发展，信息技术应用领域高速扩展，新经济、新技术在方便大众生活、生产的同时，也在大规模地收集、储存、使用、加工、传输、提供和公开用户的个人信息。这个时代的人们在享受着信息处理带来的诸多便利的同时，也面临着个人信息安全风险的大幅增加。信息处理普遍性、无序性与制度构建滞后性、司法救济不充分之间的矛盾，造成大量

---

* 该课题系2020年上海司法智库重大调研课题。课题主持人：孙军，上海市第一中级人民法院党组成员、副院长。课题组成员：陈福才，上海市第一中级人民法院民事审判庭庭长；李兴，上海市第一中级人民法院民事审判庭审判长；郭葭，上海市第一中级人民法院民事审判庭法官助理；丁杏文，上海市第一中级人民法院民事审判庭法官助理。

违法甚至犯罪行为滋生,是现代社会治理中不可忽视、亟待解决的突出问题。面对新技术、新问题,立法、司法应当进行前瞻性、体系化应对,只有切实加强法律的制度保障与司法的现实救济,才能有效增强顶层设计科学性与法律适用精准性。在做好个人信息保护法律草案征求意见工作的基础上,上海市第一中级人民法院就基层群众和单位关注的个人信息保护问题深入开展调查研究,形成了本课题报告。

一 基层调研概况

为了深入了解现实情况,掌握一手材料,找准关键问题,课题组于2020年1~11月先后走访上海市人民检察院、上海市消费者权益保护委员会、上海市公安局长宁分局等单位及相关互联网企业,立足于虹桥街道的辖区治理经验,进社区访谈及召开居民座谈会十余次,形成会议记录十余份,搜集居民代表、街道社区干部、居委会工作人员、法官代表、检察官代表、基层公安干警、律师代表、技术人员代表、权益组织代表、企业人员代表、高校学者意见100余条,查阅相关裁判文书及案例200余份。调研情况主要可为以下五类。

(一)居民群众意见

居民群众的意见主要体现在以下几方面:第一,信息时代的发展速度超乎想象,从最初单纯新奇、享受便利、无所防备的心态,到近年来通过媒体报道及自身经历,体会到各种精准营销的反复骚扰,而且认识到信息泄露可能造成其他严重后果,心理的厌恶感与危机感、不安全感显著增强,对此类危险感到不可预知、难以防范,也不了解政府、法律为信息安全做了何种具体制度保障。第二,个体力量难以抗拒非法信息搜集,日常生活已经与互联网技术,尤其是各类智能手机App深度融合,面对无处不在的自动化信息收集,多数情况下只能被动接受。第三,对法律的救济手段感到不便利、不充分。在《民法典》的普法宣传过程中,许多群众表示,《民法典》已经规定了个人信息保护，体现了以人民为中心的立法精神。但如果发现权利被侵害，如何及时便利地得到公权力保护，消除不良影响，让违法者得到有效惩处，是他们最关心的问题，下一步如何实施《民法典》的规定，还需要一些更详细的配套规定，也希望国家能够尽快出台更有力的措施。

（二）基层干部意见

许多基层社区干部表示，与传统的治安防控、困难扶助工作不同，个人信息保护问题确实是近年来凸显的新问题，群众反映强烈，严重影响了社区和谐与安宁，但基层政府缺乏有效的治理手段，干部缺乏此类工作经验，亟须明确国家层面的法律制度依据，畅通基层反映问题线索、疏导民意、处理纠纷的渠道。比如，在推行垃圾分类过程中，有的居民特别是国际社区的居民不愿意让志愿者帮助核验、分拣垃圾，认为其生活垃圾也含有个人私密信息；在治安技术监控设备安装过程中，有的居民担心个人信息被滥用，排斥人脸识别系统的使用。2018年，上海松江区某小区在采用人脸识别系统的过程中，没有尽到告知义务，并强制淘汰原有门卡，业主就向市政府信箱申请答复。有的居民出于安全考虑在自己家门口安装监控设备，引发邻里纠纷。但在面临重大公共安全问题时，广大群众的配合度也是比较高的。许多社区干部表示，在新冠肺炎疫情防控期间，许多市民不仅主动申报家庭信息，还积极配合对流动人口的信息追踪，对搭建防控网络起到了重要作用，也说明只要具备公开透明的合理依据，做好事前解释与保护措施，信息搜集工作是完全能够服务于社会治理的。

（三）执法司法部门意见

法院、检察院、公安机关都反映，涉及个人信息保护的案件逐年增多。法院除了审理涉及个人信息犯罪的刑事案件，在许多民事案件中，也出现了直接针对个人信息问题的诉讼，此类案件社会关注度高、处理难度大、特别措施少，尤其是过去此类案件一般按照传统侵权的审理思路，已经不能完全适应办案需求，需要针对个人信息保护的特殊性进行司法规则补充。在具体问题上，上海检察机关希望加强细化公益诉讼及相关前置工作的职权保障与鼓励规则；公安机关希望有前置的治安处罚规定，加大网络巡查警务工作力度，着力在源头上加强风险防控，建立多部门的协同执法。

（四）权益组织意见

上海市消费者权益保护委员会反映，其多年来持续关注手机 App 的信息处理问题，通过技术研发与市场调查发现，个人信息保护领域存在突出的"低投诉率，高不满意度"现象。与传统的产品质量等消费者权益问题不同，信息泄露的隐蔽性强、技术壁垒高，普通消费者很难察觉应用程序的底层运行方式与背后处理链条，不知何处泄露，不明去哪投诉，不懂怎样维权。科技公司通过现代技术手段，利用监管措施漏洞，大量无序采集信息，已经成为占据市场资源、形成竞争优势的普遍现象，应当进行系统性的监管变革，重构信息处理的市场秩序，重塑消费者信心。

（五）企业代表意见

当前大多数规范的互联网科技公司已经意识到，加大信息保护力度是大势所趋，也是企业合规持续发展的基础，只有建立统一、清晰、明确的信息处理规则，才能使市场竞争步入有序轨道，希望《个人信息保护法》能够进一步明确企业合法处理信息的边界，加强企业在经营模式设计与运行中的可预见性，促进数字经济健康发展。

二 个人信息保护实践中的主要难点

（一）"知情—同意"规则流于形式，公民难以有效控制其个人信息的收集和使用

"知情—同意"是个人信息处理的核心规则，也是个人信息保护的基础。《全国人民代表大会常务委员会关于加强网络信息保护的决定》《网络

安全法》《民法典》等相关法律都确立了"知情—同意"规则,但实践中该规则基本得不到遵守,各方面对这个问题反映最强烈。

"知情—同意"规则被违反的情形在实践中十分常见,主要包括以下几种情形。一是不知情、未同意,包括①何时收集,消费者不知情。很多手机用户反映,根本不知道或没有征得其同意,一些网站或手机 App 就借助点击流数据、cookies 和 web bugs 等技术手段,主动收集网络使用者的相关信息。②收集后如何使用信息及信息转移给谁,消费者不知情。众多居民反映,怀孕待产就医后,各种月子中心、早教机构的广告电话便蜂拥而至;手机聊天记录中涉及相关产品及服务名称之后,在打开其他购物平台时就会被推送各类相应产品或服务的广告。现实中,信息处理者安全保障义务难落实,信息泄露情况令人担忧。二是虽知情但是不得不同意,常见以下两种情形:一种是网络产品,不同意提供个人信息数据就不让使用产品。在调研过程中,众多消费者用户向课题组反映,在登录网站或下载使用 App 后,如果继续浏览或者下载使用相关文件和功能则需要填写个人信息、开放电子设备权限,并且通过邮箱或手机验证后方可继续操作,否则将无法浏览或使用 App,用户只能被迫同意,对此类情形也表示十分无奈。另一种是某些场所仅允许使用特定的技术,例如人脸识别第一案——杭州野生动物园案。原本消费者购买园卡后只需验证指纹入园,但后来园方升级为人脸识别入园,并取消了指纹识别的方式,也就是只有接受人脸识别才能进入园区,不刷脸不得入园。

(二)"正当性""必要性"原则难以落地,公民个人信息被过度处理

《民法典》第 1035 条规定,处理个人信息,应当遵循合法、正当、必要原则。这一原则不同于"知情—同意"的程序性要求,是对处理行为的实体性、强制性规定。应当注意到,个人信息保护的法益中包括了国家对信息安全底线的强制干预,个人形式化、程序性的同意是处理的必要前提,但并不是处理行为合法性的实体标准,只有坚持实质合法性审查,才能托底维

护信息安全的整体秩序。

当前个人信息收集不规范的现象时有发生，特别是收集信息的正当性和必要性，在实践中经常被突破。现代技术的滥用及生物信息的过度采集现象在实践中经常发生，较为典型。生物信息识别在日常生活中越来越普及，带来便捷的同时也带来许多担忧。根据课题组调研，许多居民反映，如今很多小区的进出也要通过人脸识别，虽然方便了住户进出，但很多住户担心自己的人脸信息被录入系统后存在泄露风险，社区作为人们最长时间居住及最多私密活动的场所和空间，强制使用人脸识别技术作为进出门禁是否适宜，即使居民自愿同意，小区对居民人脸信息的采集是否正当和必要，这些问题均有待商榷。同时，超范围采集信息的情形在实践中也较为普遍，即要求用户提供的信息过多，而和事件或产品运行本身无关。

另外，根据课题组走访的公安派出所反馈，大量手机App等互联网应用软件通过隐瞒方式获取用户同意，实际收集、上传、储存、使用的个人信息及用途大大超出其提供产品及服务的必要范围，与同意条款中的情形完全不相符。许多消费者也反映，虽然在使用互联网软件时，隐私条款中会罗列其要收集的个人信息范围、用途等需要用户予以同意的具体内容，但消费者也不知道具体上传的个人信息范围以及企业收集后用于何处。根据消费者保护组织向课题组的反馈，手机App过度收集和利用授权的情形屡见不鲜，而权限的获取是否合理在于其与功能是否相对应，应当适用"最小范围"原则。

（三）救济途径不便利，人民群众个体维权难

目前，公民对于个人信息泄露缺乏行之有效的救济途径，维权之路困难重重。究其缘由主要有四：一是涉及个人信息保护的民事案件主要以人格权纠纷予以立案处理而无个人信息保护的独立案由。就具体案件裁判而言，个人信息无论被纳入现有具体人格权的客体范畴（如隐私权、名誉权、姓名权等），还是作为一般人格权的客体，其本质均属于间接保护，无法直接调整个人信息保护中复杂的利益关系，也不能为个体行为提供确

定性指引。① 二是侵权行为具有隐藏性。最普遍的情形在于公民根本不知道自身信息是否被非法收集。三是因果关系难证明。个人信息侵权纠纷属于一般侵权类型,原告应就加害行为、主观过错、损害后果及因果关系四大要件进行证明。② 但考虑到信息的流通性,信息在收集、存储和利用等环节所涉主体和因果关系过于复杂,上述要件的举证与法院认定均面临困境。消费者缺乏技术手段,很难证明信息是何方泄露的,加大了其诉讼的举证难度,在相当长一段时间内,此类案件的胜诉概率较低。四是维权成本高,赔偿数额受限。许多非法信息处理行为在被发现、查处时,尚没有造成个人的实际财产损失,且对于非财产性损害,其赔偿须以法律特别规定为前提③,个人难以根据侵权诉讼主张财产赔偿,而精神损害赔偿的金额一般又受到严格限制。

(四)非法牟利产业链呈扩散趋势,综合治理难度大

个人信息在数字经济中具有明显的财产效益,这成为许多经营主体非法采取、贩卖、使用的动因,而且扩散范围广,非法产业链条已经深入各个领域,个人信息被规模化、经营化非法处理的现象十分普遍。2018年上海一中院曾经审结一批姓名权案件④,查明沈某的身份信息被200多家企业盗用,将其登记为财务负责人,其中多家企业存在税务违法行为,导致沈某在日常生活工作中产生诸多不利障碍。而被告企业在庭审中普遍陈述,他们使用的信息来自专业的企业注册代办机构。

个人信息泄露的衍生效应与公益危害在刑事案件中更为普遍和明显,我国个人信息保护的实践早期以刑事案件为主。个人信息相关犯罪及司法认定的特点集中体现为:①个人信息犯罪呈现黑产化趋势;②侵犯公民个人信息

---

① 王成:《个人信息民法保护的模式选择》,《中国社会科学》2019年第6期。
② 杨立新:《个人信息:法益抑或民事权利——对〈民法总则〉第111条规定的"个人信息"之解读》,《法学论坛》2018年第1期。
③ 王泽鉴:《损害赔偿》,北京大学出版社,2017,第64页。
④ 参见〔2018〕沪01民终8627-8634号案件。

主要以牟利为目的，内外勾结情况普遍；③侵犯公民个人信息与电信网络诈骗紧密相连；④司法实践对如何认定个人信息数量虽形成了一些共识，但也存在模糊地带。

上述现象反映出当前信息安全形势的严峻性，只有利用行政、民事、刑事的综合治理手段，各类保护机制相互协力或补充①，将个体维权与公益保障相结合，从源头规范处理行为，集中打击非法产业链，完整认定相关责任主体，推动多部门协同监管，才能扭转当前信息处理活动的普遍无序状态。

三 个人信息保护规则的完善

（一）强化"知情—同意"制度

数据处理者通常主张放松"知情—同意"规则，原因包括：一是公民联系方式等信息在收集后发生变化，联系信息主体的难度增大；二是需要处理的信息体量大，告知同意的成本较高；三是即便履行了告知义务，信息主体通常也不会仔细阅读告知内容，知情同意流于形式。应当看到，"知情—同意"是个人信息保护最基本的规则之一，是公民控制其个人信息不被非法处理的基础权利，这方面的规则必须加强而不是放松。其主要有以下理由：一是"知情—同意"是公民对其个人信息享有控制权的最直接的体现，弱化"知情—同意"规则，会对个人信息权益归属产生误导。二是"知情—同意"规则的落实，有利于提升公民个人信息保护意识和敏感性。据基层民警介绍，通过有针对性的宣传可以有效增强公民个人信息保护意识，降低网络诈骗犯罪发生率。信息处理者的告知对信息主体来讲也是一种提醒和宣传。三是只有确保公民的知情—同意权，才能赋予公民对其个人信息的有

---

① 王利明：《论个人信息权在人格权法中的地位》，《苏州大学学报》（哲学社会科学版）2012年第6期。

效控制，从源头保护个人信息权益，减少后续违法处理个人信息的行为，减轻监管压力，降低法律实施成本。四是公民诉诸司法救济的过程中面临诸多难题，在证明侵权主体、因果关系、损害后果等要求下，公民通过主张知情权被侵害获得救济的难度较大，如果再弱化信息处理者的告知义务，可能导致公民在权利被侵害时更难获得救济。①

在具体做法上，应进一步完善告知时机（包括企业集团内部改变用途、将数据委托给第三方处理等情况下的告知）、告知的方式（确保便于个人信息主体知悉和确认）、告知的内容（应包括数据处理可能存在的具体风险）等规定，同时对违反"知情—同意"规则的行为规定单独的法律责任，加大处罚力度。尤其值得注意的是，"知情—同意"的立足点是个体的独立意志自由，应当警惕在团体组织内部及小区自治决议中可能出现管理者或集体专断现象，也就是多数人意志对少数人异议的隐性压制。比如对雇主与雇员而言，雇主明显掌握主动权，"知情—同意"原则的适用往往很难实现保护雇员信息隐私的效果，用人单位要求采集员工个人敏感信息，甚至形成公司内部管理规定，如果员工不同意，则不予聘用或进行考核评价贬损，面对工作与个人信息二选一的抉择，大多数雇员只能无奈放弃个人信息②；又或是，在小区业主大会决议中，多数业主同意物业公司安装人脸识别系统，采集个人信息，取消传统的门禁卡，但少数业主不同意，由此排斥少数异议者的正当通行权利。

（二）细化"正当性""必要性"具体规则

"正当性""必要性"作为数据处理的原则，需要规制两个重要问题：一是信息处理者收集的信息是否超出了产品或服务的需要，二是某一具体场景下运用某项信息处理技术是否有必要。实践中判断这两个必要性是比较困难的。据公安部门同志反映，当公安部门出于安全需要在居民区安装监控设备的时候，也有居民提出来，物业公司安装的监控设备已经够用，没有必要

---

① 任龙龙：《论同意不是个人信息处理的正当性基础》，《政治与法律》2016年第1期。
② 江海洋：《论大数据时代欧美雇员信息隐私权立法模式》，《科技与法律》2020年第3期。

再安装更多或更高端的监控设备。对于此问题应予以充分重视。一般来说，对于人脸识别等特殊技术，公民单独的、充分的、明确的同意也是不够的，需要法律对其使用作出有效规制。建议有关立法对"正当性""必要性"原则作出一些细化性规定，对于人脸识别等处理敏感个人信息的技术的使用规定一定的限制条件。同时，针对当前以人脸识别为代表的生物信息采集泛滥的情况，群众反映特别强烈，有必要进行集中治理。有关立法可吸收地方立法中的有益做法，补充规定在一些普通场所禁止使用人脸识别技术，在采取该技术的同时应为公民提供可替代的选择方式。

（三）畅通个人救济渠道

根据消费者保护部门的反馈，随着信息技术的发展和广泛应用，个人信息泄露和非法利用问题日益严重，但消费者的投诉并非相应成比例增加，形成了"低投诉率，高不满意度"的现象，一定程度上反映了人民群众对这个问题的无奈，认为投诉也不起作用。个人信息保护涉及每一个人的感受，如果个人信息无法得到有效保护，法律权威以及人民群众对国家治理能力的信任将受到较大损害。

根据相关法律的规定，履行个人信息保护职责的部门应当接受、处理有关投诉、举报，收到投诉、举报的部门应当依法及时处理，并将处理结果告知投诉、举报人。履行个人信息保护职责的部门应当公布接受投诉、举报的联系方式。建议在此基础上进一步畅通救济渠道，增强人民群众的获得感，提升人民群众对社会治理的信心。一是强化各部门之间的联动。由于个人信息保护部门职责仍然存在边界不清晰、分工不明确的问题，需要进一步强化政府部门内部协调，推动部门之间加强联动，相关部门接到投诉后不得推诿，对于确实不属于自己职责范围的，应当及时向其他部门转介，避免公民投诉无门。二是对公布联系方式作出更明确的要求，强调相关部门、信息处理者应当设置明确的、便于公民操作的投诉渠道。三是相关部门和信息处理者需要完善制度，对于公民的投诉，应当有明确的答复期限和解决方案。四是对于投诉不依法及时答复和处理的，明确规定需要承担的法律责任。

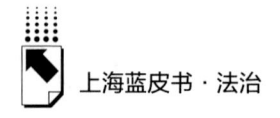

（四）强化民事赔偿责任

目前，《网络安全法》等法律中规定的警告、没收非法所得以及罚款措施很难对网络运营者产生威慑，而责令暂停相关业务、停业整顿、关闭网站、吊销相关业务许可证或者吊销营业执照等措施虽然很严厉，但由于网络运营者提供的产品和服务对社会运行很重要，实践中很少使用这些措施。在调研访谈中很多居民提出，违法成本过低、惩戒效应不够是当前个人信息保护的突出问题，只有对严重恶意行为加大惩罚力度，才能形成有效的震慑。例如，当信息处理者明知是非法处理信息而进行有偿转让并造成严重后果，或者处理者违反行为禁止令或经行政部门查处、司法机关判决承担责任后，继续恶意针对同一主体进行非法信息处理活动时，可以引入惩罚性赔偿制度，加大对信息处理者的惩治力度。

四 建立和完善个人信息权益司法救济的特别机制

个人信息不同于物质财产，具有系统自动化、网络快速扩散、利益群体广泛、技术专业性强等特点，基本属性的差异性决定了保护方式的特殊性。长期以来，由于概念不明、规则缺失，个人信息保护的民事诉讼受制于传统侵权的保守模式，而司法裁判的处理方式也处于被动、零散的探索阶段，普通的人格权保护模式已不能满足审判实践需求。对此，要建立和完善个人信息权益司法救济的特别机制：确立个人信息的分级分层保护理念，完善实体与程序两方面的诉讼制度，在事前预防、事中监督、事后处理中全程发挥司法保障功能，并突出七个方面的特性：危害防止及时性、技术审查专业性、归责要件缓和性、责任主体完整性、保护方式多样性、公共利益保障性、保护利用平衡性。

（一）危害防止及时性：非法信息处理的行为禁止令

个人信息一旦脱离了合法处理范围，就可能衍生出恶意人身骚扰、被盗用名义注册、精准诈骗犯罪等各种下游社会问题，尤其是"人肉搜索"敏感个人信息，不仅对受害人造成严重精神损害，也扰乱了社会风气。许多政法干警强烈反映，某些执法对象出于泄愤、恶意搜集、泄露公布干警个人信息，甚至采取跟踪威胁等手段，干扰正常办案，严重损害干警权益与法制权威。因此，危害紧迫性是个人信息泄露的重要特点，及时尽早遏制非法信息处理行为，防止后续损失的发生与扩大，是个人信息保护的当务之急。个人信息保护不能局限于等待判决执行，而应当借鉴知识产权审判中常用的"行为保全"制度，《民法典》第997条规定的人格权禁令本质上就是一种行为保全措施。① 在法院最终判决前，就应当准许当事人向法院申请停止非法信息处理的行为，情况紧急，不立即申请保全将会使其合法权益受到难以弥补的损害的，在诉讼前就可以申请。法院审查核准后，以司法裁定立即阻断非法信息传播渠道，形成震慑效应。

（二）技术审查专业性：信息证据保全与技术鉴定结合

信息处理是基于现代信息技术与计算机网络系统的紧密联系，个人信息保护诉讼面临着信息证据举证难与技术审查专业性的挑战。实践中，许多信息是在个人不知情的情况下被采集的，比如近年来流行的许多"AI换脸游戏"App，就是利用人们的游戏心理，在不经告知的情况下，非法采取人脸信息进行后续处理。原告需要确认非法信息采集的源头在于某个处理者，才能具备基础起诉条件，而律师、个人都不具备获得并识别此类证据的技术手段。对此，课题组认为，信息保护诉讼中的证据如计算机软件、数据库等容易灭失或者被篡改，证据固定的难度很大。证据固定之后，还需要专家进行专业识别鉴定，以判定原告的信息是否被该主体处理。因此，在个人信息诉讼中，针对原告技术能力弱的问题，应当加大法院的证据保全力度，尽快建立信息技术的司法鉴定专家库，并根据信息保护的特性，将二者进行有

---

① 《民法典》第997条：民事主体有证据证明行为人正在实施或者即将实施侵害其人格权的违法行为，不及时制止将使其合法权益受到难以弥补的损害的，有权依法向人民法院申请采取责令行为人停止有关行为的措施。

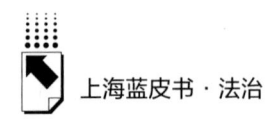

机整合，作出特别补充规定。法院可以依当事人申请，对信息证据予以保全，紧急情况下可以在诉前进行，并同时启动信息证据的技术鉴定工作。在技术鉴定完成后30日内不起诉的，才解除保全措施。在诉讼活动中，应当允许双方当事人申请具有专业知识的人员出庭就鉴定结论发表意见。

（三）归责要件缓和性：自动化处理的过错推定规则

传统的民事侵权责任认定奉行严格法定要件主义，尤其是要求原告能够举证证明行为人具有主观过错，且行为与损失具有关联性。但是，信息保护问题之所以在自动化系统高度发达的智能时代凸显，就是因为人们的生活便利依赖于信息的流通与交互，而信息处理企业的科技实力与数据资源，又构成了个体难以识别与追踪的壁垒。比如实践中高发的精准诈骗与骚扰营销，就主要来自特定信息的非法获取。可是，对于普通个体而言，要证明具体的信息处理过程是非常困难的。信息处理企业对信息数据具有严格的安全保障义务，因此，在个人信息民事诉讼中有条件地适用举证责任倒置规则。个体主张其因特定信息泄露而产生损失的，只需初步举证证明其信息已经由被告处理，如果损失发生可能与被告的信息处理有关，则应由自动搜集该信息的企业举证证明其不存在过错，否则应就信息非法泄露、使用承担侵权责任；同时，企业的举证应当能够证明信息泄露完全与自身的处理行为无关，而非仅从表面证明自身采取了安全保障措施。即便是由于网络黑客攻击窃取数据，也不影响企业因自身安全漏洞而应当承担的民事责任。

（四）责任主体完整性：多数处理者的连带责任推定

个人信息处理已经成为发达的产业链，合法的处理能够促进经济发展与数据整合，而非法的交易则会严重扰乱市场秩序，造成系统性风险隐患。许多街道居民反映，普通人并不了解企业之间的信息处理关系，也从来不清楚自己的信息会被如何转让加工，担忧在诉讼中会出现互相推诿、责任不清的情况。此外，检察机关在访谈中表示，对于当前手机App非法处理信息的问题，应用商店平台也负有不可推卸的责任，平台具有成熟的技术监测手段，理应督促其发挥监管功能。一些电商平台上存在公开出售个人信息的用户，平台也应当及时发现处理。在此情况下，多个主体之间的责任原则上可以区分不同性质，但对于同一链条的多个处理者，适当扩大对外承担连带责任的范围，更有利于保护个人。一般而言，个人信息处理者共同处理个人信息，侵害个人信息权益的，依法承担连带责任。但该条规则的适用条件可以适当扩大，在非共同处理的场合，也存在适用连带责任的空间，尤其是要加重信息转让者、平台管理者的义务。首先，原告先起诉部分信息处理者，法院可以根据原告申请责令被告提供其他相关处理者的主体身份信息，并根据原告主张追加其他被告。其次，如果企业在信息源头转让时没有征得个人同意，或者没有如实完整告知转让情况，匿名化处理不当，应当对最终的侵权后果承担连带责任。再次，即使在信息转让时征得了个人同意，企业依然应当对后手利用进行合理监督，如果企业不能证明自身尽到了后续监督义务，应当对后手的非法行为承担连带责任。最后，应用程序平台、电子商务平台知道或者应当知道其用户利用平台从事个人信息的非法处理活动，未采取必要措施的，与该信息处理者承担连带责任。

（五）保护方式多样性：身份信息变更申请的特别程序

个人信息的侵权后果不同于物质财产，虽然有可能造成财产损失，但在实践中更多地体现为一种精神利益，比如个人因私密信息广为人知而陷入不安恐惧、精神痛苦。因此，法院判决应当着力于抚平精神痛苦，而目前最主要的手段就是精神损害赔偿，但信息一旦传播，个人不安情绪并不能因金钱补偿而消除，有必要探索特殊的保护机制。有的基层人大代表反映，目前法院对消除不良影响的判决方式主要是赔礼道歉，这并不能完全满足个人信息保护的需求。有的公安干警提出，一些性侵案件中，受害人害怕被歧视，渴望过往经历被遗忘。对于此种情况，应规定一项特别程序：因私密信息泄露而遭受严重精神损害的个人，可以向中级人民法院提起身份信息变更申请的诉讼。这种申请诉讼并不是行使《民法典》第 1037 条的信息更正权，不是因为信息记载错误，而是由于严重精神损害难以消除，只能为受害人提供新的身份信息。在个人信息保护中，身份信息变更之诉也可以成为一种特别程序。鉴于涉及社会管理的稳定性，信息更改需要法律的权威依据，建议由中级人民法院受理此类案件，以不公开的方式进行审理，并严格审查基础事实与必要性，防止过度滥用。只有在泄露范围属于重大私密信息，不变更身份信息不足以保护受害人的情况下才能适用。而法院一旦作出确认变更判决，一切机构在信息登记中都应当予以执行。

（六）公共利益保障性：消费者组织与检察机关的公益诉讼

信息安全不仅仅是个人利益，更关乎公共利益，尤其是非法的自动化信息处理不是针对个体，而是与广大消费者具有普遍利害关系，公益诉讼应当起到重要的保障作用。公益诉讼范围不应局限于《民事诉讼法》的具体列举，消费者保护组织与检察机关具有公益维权的丰富经验与组织能力，立法应当予以重点支持。一方面，强化公益诉讼的前置监督作用，信息处理者存在信息安全漏洞，即便尚未实际构成侵权，如果可能危及公共信息安全的，检察机关、履行个人信息保护职责的部门和国家网信部门确定的组织可以依法向人民法院提起诉讼，要求信息处理者消除安全风险。另一方面，履行个人信息保护职责的部门、组织提起公益诉讼的，检察机关可以支持起诉。履行个人信息保护职责的部门和国家网信部门确定的组织不起诉的，检察机关可以督促起诉。

（七）保护利用平衡性：信息处理者的不侵权确认之诉

在调研访谈中，一些互联网企业提出，企业愿意加大对信息安全的投入，但如果面对大量因不信任引发的投诉与质疑，容易导致企业商誉受损，引发市场对其业务合法性的担忧，希望能有及时消除误会及影响的权威渠道。课题组认为，司法判决是行为合法性最为权威的依据，针对这一问题，《个人信息保护法》或司法解释也可引入知识产权审判中的"不侵权确认之诉"制度，允许信息处理者在面对权利主张时，催告主张者及时提起诉讼，如主张者怠于行使权利,则信息处理者可以主动向法院起诉,要求确认自身的处理行为合法、不侵权,从而保护企业的合理预期,改善数字经济营商环境。此类诉讼应当由原告提供证据充分证明其行为的合法性,法院通过完整的事实审查,最终以判决形式作出结论。

B.4
新时代多层次检察业务指导体系的构建*
——以检察机关内设机构改革为背景

上海市人民检察院课题组

摘　要： 检察改革的深化，尤其是"四大检察""十大业务"的确定及相应内设机构改革是检察权运行方式的深刻调整。检察机关业务指导从工作理念、对象到方式都面临着全方位的变革。为此，应当以"专业""实时""领先"为宗旨构建新时代多层次检察业务指导体系，提升业务指导工作站位，加强业务指导专业化建设，完善业务指导组织体系，优化体系构建的资源整合，强化体系构建的智慧支撑。在具体措施上，应当进一步强化检委会的宏观指导作用、梳理各类业务指导模块、明晰专项检察业务指导模式、创新线上线下交互式指导平台，从而全面提升检察办案效能，确保检察权依法独立公正行使。

关键词： 内设机构改革　业务指导　检察改革

习近平总书记指出，当今世界正面临"百年未有之大变局"。在科技化、信息化、全球化浪潮席卷下，社会风险变得更具复杂性与多样性。与此同时，随着全面深化改革渐入攻坚期和深水区，我国社会矛盾多发叠加，检

---

* 本文系2019年上海市检察机关重大课题"内设机构改革背景下检察机关业务指导工作机制研究"（SH2019105）阶段性成果。

察机关办理的新型、疑难、复杂案件数量骤增，检察工作面临的压力和挑战层出不穷。在此大背景下，最高人民检察机关从2018年开始着力推进内设机构改革，打破旧有的内设机构设置模式，形成了刑事检察、民事检察、行政检察、公益诉讼"四大检察"新格局。

内设机构改革对检察机关业务指导工作机制产生了重要影响，而业务指导工作在实践中的成效，又直接关系到检察办案工作实际效能，是检察机关"工欲善其事"之前"必先利其器"的重要手段。因此，为进一步加强上下级检察机关之间的业务指导工作，充分发挥业务指导的积极作用，有必要通过实证研究，分析考察内设机构改革前后上下级检察机关业务指导工作机制的变化发展、存在的问题，以期对今后检察机关业务指导工作机制发展有所裨益，进而全面提升检察办案效能，确保检察权依法独立公正行使。

一 检察机关业务指导的概念界定及内设机构改革之影响

（一）检察机关业务指导的概念界定

检察机关业务指导工作是我国检察业务管理的一项重要内容。"指导"，即"指示教导，指点引导"的概称。[①] 在检察机关，业务指导工作普遍发生在上下级检察机关、业务条线（部门）之间。目前，检察机关业务指导工作制度普遍建立了以纵向联络、对口指导为主要方式的"条线"指导模式，即上级检察机关设置的业务部门采用纵向指导、横向协调、职权保障和全程

---

① "指导"一词古已有之，如《资治通鉴·汉纪·宣帝地节三年》中出现的"吏治者利其然，则指导以明之"，参见（宋）司马光编著《资治通鉴》，中华书局，1956，第814页；清代况周颐在《蕙风词话》中也用过"苦不自知，又无师友指导之耳"的表述。由此可见，在中文语境中，"指导"即"指道"，目的是使受指导者"明之"，而"指导"的主体，较之受指导者则是地位更尊崇的"师友"，参见（清）况周颐《蕙风词话》，上海古籍出版社，2009，第7页。

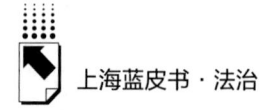

监督的工作方法，对下级检察机关相应设置的业务部门实行业务办案上的对口指导，以期实现上级检察机关以业务条线为界限的对下业务指导、组织协调、监督检查、考核评估功能。当前检察机关业务指导的主要工作载体包括：检委会宏观业务指导、条线业务工作指导、"检答网"在线业务指导、业务数据会商研判"智慧辅助"、专业化办案团队业务指导等。

（二）检察机关内设机构改革概要

推进检察机关内设机构改革，是全面推进依法治国、深化司法体制改革的重要部署，是司法责任制改革的重要配套措施，对于推动检察业务骨干回归办案一线、简化办案层级、落实司法责任制具有重要意义。按照中央有关要求，高检院已于2018年底前完成内设机构改革。2018年12月4日，中央正式印发《最高人民检察院职能配置、内设机构和人员编制规定》。12月24日，最高检第一至第十检察厅按照新的职能和办案机制正式运行。

2019年一季度，上海检察机关全面完成三级院内设机构改革任务。改革后上海市检察机关的第一至第十检察部、法律政策研究室、案件管理办公室为业务部门；办公室、政治部、检务督察部（巡视工作领导小组办公室）、检务保障部（上海市检察技术信息中心）为行政部门，与最高检内设机构相对应。内设机构改革试点以来，上海检察机关不断探索建立完善检察权运行新机制，积极适应新形势下刑事检察工作规律和基层检察院办案工作实际需要，全面运行捕诉一体化刑事案件办理模式，强化民事、行政、公益诉讼职能建设，努力实现检察工作全面提质增效。

（三）内设机构改革背景下检察机关业务指导理念、对象与方式的变革

1. 业务指导理念：从"分立"到"协同"

在内设机构改革之前，主要以诉讼流程事项为标准分别设置的业务条线（部门）在条线业务办案的相关实体与程序问题上，很少与其他业务条线（部门）产生交集，且由于之前较少出现跨领域的复杂案件，各条线（部

门）在进行对下指导时，一般情况下界限分明，自成体系。

内设机构改革后，由于各个业务条线（部门）之间均可能涉及同一办案流程的适用，且跨部门、跨领域的复杂案件、专项行动数量骤增。原先相互隔离、自成一体的"分立"业务指导已经无法适应形势发展需要，与之相对，相互交融、彼此补位的"协同"业务指导理念更符合检察业务发展需求。

2. 业务指导对象：从"对口"到"交叉"

对口型办案指导是指针对某一个案或类案，由上级院对口业务部门对下级院相应业务部门所进行的办案指导。依据《人民检察院案件请示办理工作规定（试行）》第六条的相关规定，"下级检察院业务部门可向上级检察院对口业务部门请示案件办理工作。"在此情况下，上级检察院对口业务部门就可给予有的放矢的"对口"指导。只有在上级检察院业务部门认为下级院对口业务部门请示的案件问题属于重大疑难复杂的，才会要求下级检察院业务部门在报请本院检委会讨论决定后，以下级院名义请示上级院给予办案指导。换言之，在内设机构改革之前，条线（部门）业务分工泾渭分明的情况下，大部分普通案件的对上请示、对下指导均可在条线（部门）范围内加以解决。

内设机构改革后，情况发生了变化。由于各条线（部门）在办理相关领域案件时，可能适用同一诉讼流程，又因为一些专项工作"刑行民交织"，可能涉及多个专业领域。大量需要上级院指导的"交叉型"案件增多，已非某一条线（部门）能够单独解决。其中，一些重大疑难复杂案件，可以通过上级院检委会讨论后进行指导，但大量日常的"交叉型"案件，仍需要通过部门统筹的方式进行有效指导。

3. 业务指导方式：从"经验感性"到"数据理性"

从本源文义上讲，"指导"即先行者对后来者"授人以渔"的经验传承过程。"经验主义"与"理性主义"相对，认为感性经验是知识的唯一来源，一切知识都通过经验而获得，并在经验中得到验证。英国哲学家、教育家洛克认为，"我们的一切知识都是建立在经验之上的，而且归根结底是来源于经验"。① 在司法实务界,"经验主义"尤受尊崇。美国法学家霍姆斯在《普通法》一书中便开宗明义地指出:"法律的生命不在于逻辑,而在于经验。"② 在传统的上下级业务指导中,上级院检察官基于自身丰富司法实践积累的直接经验,以及基于地位优势整合各下级院相关司法实践形成的间接经验,对下级院办案检察官进行办案指导。这一指导方式在实践中已经证明其确实卓有成效。但在当前社会风险叠加、检察办案日益复杂疑难的情况下,仅靠经验指导,难免挂一漏万。

案件管理部门的设立,可以最大限度弥补先前依靠"经验感性"进行业务指导存在的不足,通过为业务指导提供"前置性程序"——案件管理部门依托其在案件管理中积累的数据资源,通过筛选、整合与特定业务指导有关的基本素材,提供上级院业务指导部门参考——通过这一前置性的指导过滤功能,将有指导价值和指导意义的内容最大限度筛选出来,确保业务指导的周延与准确。

二 内设机构改革背景下检察机关业务指导工作暴露的问题与不足

内设机构改革背景下,由于业务指导理念、业务指导对象和业务指导方式的新变化,在新旧指导方式切换的档口出现指导盲区、多头指导或路径不明等新问题,同时业务指导方式单一、实效性差等老问题依然存在,新老问题叠加,凸显了当前业务指导中的诸多痛点,这也正是本文亟待梳理解决的难点。针对这些问题,课题组面向全市三级检察机关进行了问卷调查,调查对象覆盖了从事四大检察、案件管理和研究室业务的检察人员,从回收的205份有效问卷上看,问卷涉及的业务指导种类和基层院寻求业务指导的主要需求在方向上基本是一致的。但具体分析业务指导供需

---

① 〔英〕洛克:《自然法论文集》,李季璇译,商务印书馆,2014,第206页。
② 〔美〕霍姆斯:《普通法》,冉昊、姚中秋译,中国政法大学出版社,2006,第1页。

的对应性和感受度,以及从指导目标的实现上看,尚存在两大方面的不足。

(一)从下级院对上级院指导的需求层面看

1. 从获得感上看,业务指导的感受度基本得到认可

统计调查问卷中对当前业务指导的感受度得分(0分为最低、5分为最高),选择3分的为75人,在所有选项中最多,占比36.59%,加权平均分为3.31分,可以说对业务指导感受度尚可,但还达不到满意的程度,问题集中于指导的针对性和可操作性。比如,在"当前上级院业务指导中存在的主要问题"多选题中,排名前三位的分别是日常工作中指导性不足、业务培训针对性不强和请示程序烦琐,主要聚焦内容和程序两个方面。一方面在指导的内容上,选择"日常工作中指导性不足"和"业务培训针对性不强"的人数分别为121人和66人,占比分别为59.02%和32.2%,反映出上级院的业务指导与基层院的内容需求尚存在一定差距,基层院在日常工作中关于业务指导的获得感不强。另一方面在指导的程序上,除了"请示程序烦琐"这个问题之外,很多被调查者都提出对于不需要书面请示的问题,市院、分院缺乏明确的业务分管部门或人员,请示无法具体到人或指导口径不一,影响了寻求指导的效果和感受。

2. 从供需比上看,业务指导的对应性不强

特别是在未建立明确业务指导分工的工作中,业务指导的供给不足、路径不清。调查问卷中,在"曾获得过哪些方面的指导"中排名前五位的分别是业务培训、条线会议、案例指导、案件请示和业务辅助,而"最迫切需要的来自上级院的业务指导"中排名前五位的分别是案件请示、业务培训、案例指导、条线重点工作解读和专项业务。

可见,侧重基础性、业务指导分工相对清晰的内容,也是各条线日常提供指导的内容,可基本满足基层院需求,但供需不对应的问题亦十分突出,一方面供需之间存在一定错位。对于基层院案件请示的需求最高,但在供给端的排序仅为第四位;需求排名第四位的条线重点工作解读,虽然部分可以

通过条线会议解决，但囿于条线会议的频次和广度，也影响了指导的深度和效果；而排名第五位的专项业务指导需求，在曾获得过的业务指导中排名最末端，反映出需求和日常指导内容的不匹配程度最高。另一方面，部分业务指导供给主体不明。内设机构改革后，原有条线分隔的业务指导方式不再适合机构整合后的部门分工实际，一些跨专业、跨条线的复杂案件、专项行动需要同时寻求几个条线的业务指导。

（二）从上级院对下级院指导目标的实现层面看

1. 从内容传导上看，相较于有形的指导，对理念性、经验性问题的专门指导不足，载体和方法有限

从调查问卷中不难发现，各级院对于业务指导都更关注有形的法律适用或操作规范，这无疑是检察机关专业化、规范化办案的基础，但正如高检院张军检察长在高检院领导干部业务授课上所说，"检察机关的职能是什么？案件处理依法公正的价值追求怎么体现？一类案件高发多发深层次的问题是什么？为什么现在办案要有更高的要求？这些都需要深入思考"。具体到业务指导中的思考，业务指导首先就是理念的指导和引领，这是指导检察机关办好案件的思想和灵魂，它更宏观，很难通过一次性的、规范化的业务指导予以传导，更多的是在会议中、专项工作部署中、重点工作中作为意义和背景部分予以传达，但随着阶段性工作的完成，如何将这种理念固定于、指导于微观的具体工作，如何有意识地指导、发现和培育标杆性案件，比如对于一个诉讼案件，有没有发现其背后社会治理关键信息的能力和经验，做到三个效果的有机统一。又如对于一项监督工作，运用什么方式，采用什么监督手段更有利于在个案纠正的同时做到双赢多赢共赢，尚未形成科学的评价机制和常态化的指导方法。

2. 从方式运用上看，对新形势下各种业务指导方式的整合不足，尚未形成稳定成熟的业务指导体系

调查问卷中，"平时寻求业务指导的方式"多选题中排名前五的方式分别是：查询相关案例、请教资深检察官、请示部门负责人、请示市院对口业

务部门和"检答网",传统概念中上下级间的以业务培训、案件请示或部署推进为主的指导方式发生了较大变化。

内设机构改革以来,上海市院已充分注意到此类情况,通过收集建立问题库、组建以一线办案骨干为核心的专业化办案团队和以资深检察官为主体的"检答网"专家组等形式,提升业务指导的针对性、专业性和权威性,但同时由于这些工作尚处于启动或推进阶段,部分成果逐步显现,系统化的整合应用有限,一方面,对于可复制的指导内容总结推广不足。比如"检答网"中各条线专家回答的问题,对于一些有较强指导性、可操作性的内容缺乏总结梳理和系统呈现,如不在"检答网"中搜索相关问题也不会看到专家的回复,大量的实务经验和智慧无法有效积累和应用。另一方面,对于综合性指导相关供给主体的资源和平台运用不够。涉及多部门的统筹指导思路缺乏途径转化为指导方法,一个部门好的指导方法也较难被其他同类部门了解或复制推广,同时对于案件管理、法律政策研究部门和信息技术部门掌握的丰富的案例资源、政策法规资源、数据资源等,都存在如何有效获取并整合运用的问题。如何有效利用相关业务部门及各平台的资源,最大化地运用于业务指导中,尚未形成有机联系的指导体系。

三 新时代多层次检察业务指导体系的构建

根据高检院《2018—2022年检察改革工作规划》关于健全完善"六大体系"[1],推动检察职能全面充分履行的规划部署,检察工作要全面促进司法办案专业化、组织体系科学化、检察队伍职业化以"善其事",必然需要同步构建多层次检察业务指导体系,确保检察工作适应性发展以"利其器"。

---

[1] 《2018—2022年检察改革工作规划》提出的"六大体系"建设具体包括:完善检察机关坚持党的领导制度体系、健全完善检察机关法律监督体系、完善检察权运行体系、完善检察人员分类管理体系、完善检察机关组织管理体系、完善法律监督专业能力专业素养提升体系6个方面46项改革任务。

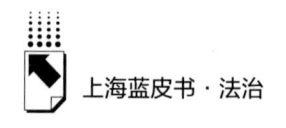

（一）确定体系构建的目标宗旨

当前，检察机关，尤其是承担对下业务指导的省级检察院应充分结合政法领域深化改革与检察工作创新发展的实际需求，将检察业务办案与上下级业务指导的特点有机整合起来，在严格落实检察官办案责任制的同时，承担业务指导职能的检察官就他指引、教示的案例办理承担相应的司法责任。[①]在充分考虑司法规律和检察工作特点的基础上，把"专业""实时""领先"作为多层次检察业务指导体系构建的目标宗旨，进而不再局限于原有指导方式的小修小补，通过重塑性、系统性的业务指导体系构建，最大限度发挥业务指导对新时代检察业务办案的引领功能。

1."专业"

检察工作是一项政治性、政策性、专业性都很强的工作，专业化建设既是检察机关履行法律监督职能的内在需要，也是检察事业科学发展的必然选择。构建多层次检察业务指导体系，必须要与检察机关法律监督的专业分工细腻化、团队配合组织化趋势，以及跨行政区划检察院、专业性自贸区检察院设置等检察组织运行方式改革方向相适配，使指导体系创新能够适配业务模式改革发展的实际需求。

2."实时"

司法公开是现代法治文明的重要标志。[②]检察办案的公开性越强，"阳光下就越是落子无悔、覆水难收"，对检察权运行的规范性要求就越高，进而对业务指导实时性的要求也就越高。构建多层次检察业务指导体系，必须与当前深化检务公开背景下更高的执法规范性和透明度要求相适应，要通过

[①] 在指导关系中，根据"办案者决定，决定者负责"原则，承办检索官拥有完整的办案自主权，上级检察主体无权直接改变或撤销其办案决定。但在此过程中，上级检察主体对下级检察主体依法正确履职仍负有指引、教示的职责并应负相应司法责任，此项责任与承办检察官应负之司法责任并行不悖。

[②] 2015年最高检出台《人民检察院案件信息公开工作规定（试行）》，把执法办案信息公开作为重点，建立统一的案件信息公开系统。12309中国检察网、检察听证网等的建设更通过信息化手段加速了检察公开进程。

全程、即时、同步的上下级业务指导，最大限度避免检察办案出现"阳光下的阴影"，助力提升检察机关的执法公信力和人民群众对检察工作的满意度。

3."领先"

长期以来，作为全国检察机关的排头兵、先行者，上海市人民检察院一直发挥着开路先锋、示范引领、突破攻坚的作用，既承担贯彻落实最高人民检察院决策部署的重大责任，又是地方检察工作的龙头带动者、组织推动者和监督评判者。多层次业务指导体系构建要立足上海"五个中心"的城市定位，围绕上海"当好全国改革开放排头兵、创新发展先行者"的工作大局，通过科学有效地做好业务指导工作，进一步提升通过司法办案服务国家战略实施和保障上海经济社会发展的检察能级，通过更加精准、更具实效的检察业务指导，夯实业务基础，进而提供符合全球卓越城市定位的法治产品和检察产品。

（二）明确体系构建的工作重点

1. 提升业务指导工作站位

检察业务指导体系构建应着眼于上海建设卓越的全球城市的发展目标，围绕上海全球中心城市和经济中心的定位，对标最高标准、最好水平，更新司法理念，树立国际视野，强化对国家战略、营商环境、社会治理等大局工作的业务指导，打造符合上海城市发展定位和司法文明需要的人才队伍，形成"四大检察"各自的领军人才和业务专家队伍，提供与城市定位相匹配的检察产品和有力的司法服务保障。

2. 加强业务指导专业化建设

面对社会分工和法律体系的日益精细化，本次内设机构改革后，以工作对象确定专业部门，响应了社会和司法发展的需求。同时，专业化不仅是实体分工的专业化，更应体现为批捕、公诉、刑事诉讼监督、刑事执行监督、民行检察、公益诉讼等各项检察权配置、运行和指导机制的专业化，特别是在现有实体为主、程序为辅的专业性机构划分下，通过科学建构业务指导体

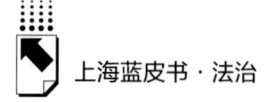

系，制定统一的程序标准和规则，理顺对程序性问题、专项性工作、国家级战略的指导规范和途径，弥合现有业务指导中的缝隙。

3. 完善业务指导组织体系

对于程序性业务指导如何专业化开展的问题，2020年最高人民检察院成立了相应业务指导组，将立案监督和侦查活动监督组设置在第一检察厅，审判活动监督组设置在第二检察厅，以便全面统筹和指导相关监督工作，这种组织体系的设计和指导思路，将加快业务指导组织的完善。

（三）优化体系构建的资源整合

构建多层次检察业务指导体系，层次性是系统本身的规定性，体现了检察业务指导与检察业务办案之间的适配对应关系。检察办案的结构、功能、方式不同，业务指导的要素、层次、模式也随之不同。

业务指导的内容资源并不是孤立的，而是与很多检察工作紧密相连、互为参考的，一些检察工作的初衷和目标可能并非直接应用于业务指导或是传统意义上的上对下业务指导。实践中往往对于此类工作的指导价值重视不足，对此类潜在的业务指导资源缺乏有效的整合、转化和应用，恰如"坐拥宝山而不自知"。下一步，在构建多层次业务指导体系的资源整合方面，应在充分发挥省级院对下业务指导职能的同时，高度重视并调动整合"多层次""各层级"的业务指导资源。

以检答网为例，相较于传统业务指导中存在的针对性不强、感受度不高等问题，其在制度设计上——问题的针对性和解答的即时性——就提出了较好的解决方案，可以说创建了一种全新的业务交流方式。但同时，由于个体的提问和专家组24小时内的回答均不需要通过业务指导部门确认，因此对于每个问题的提出及其背后的动因和专家组的回答及其形成理由，这两方面极具价值的内容，都缺乏业务条线的汇总和整理，对有明确依据、回复质量高的答案更缺乏业务指导部门的确认，此类资源完全可以转化为部门业务常用问答资料，作为业务指导的重要"数据源"，供条线查阅、学习和检索。

再如，当前蕴藏巨大指导价值的工作还包括业务专家（专家咨询委员会），首批12支跨院、跨层级的检察专业办案化团队，全市检察机关重点或重大课题的调研组以及特殊检察官联席会议（拟建中）等，其针对检察业务的研究、课题的调研、问题的回答等都是非常有价值的指导资源，这些都有待各业务部门的提炼和运用。

（四）强化体系构建的智慧支撑

构建多层次检察业务指导体系，既要注重运用传统的制度化方式，又要重视依托大数据、信息化创新指导模式；既不能完全抛弃已被实践证明行之有效的"文来文往""口口相传"的传统方式，也应在继承传统的基础上有所创新，通过创新应用现代信息技术手段，最大限度实现"浸入"式的业务指导。以人工智能技术在业务指导中的应用为例，人工智能是海量人工汇集的智慧，业务指导的积累和表现方式要顺应时代发展的要求，从传统的口述笔谈，转化为信息技术能够记录、识别、归集、整合、应用的数据语言，能够转化为信息技术规则直接作用于司法过程，尽可能减少转换的损耗，提升转化的效率。

根据《全国检察机关智慧检务行动指南（2018～2020年)》（以下简称《行动指南》），到2020年底，检察机关将全面构建应用层、支撑层、数据层有机结合的新时代智慧检务生态。《行动指南》在强调以需求为导向，统筹研发智能辅助办案系统，推进大数据、人工智能等前沿科技在刑事、民事、行政、公益诉讼等检察工作中的应用的同时，要求深度利用统一业务应用系统案件数据，整合各类数据资源，构建权威的案例知识库，搭建知识服务平台，提供知识查询、在线问答等服务，为检察官办案提供智库支撑。当前，通过为司法办案提供智慧辅助，为科学决策提供数据指引，为司法公开提供智能化服务，智慧检务建设的成效有目共睹。

检察业务指导方式转变与体系创新要适应当前社会从信息时代迈向人工智能时代的大变革，推动大数据、云计算、人工智能新一代技术在检察业务指导中的深度应用，实现信息技术与业务指导的深度融合。对于一项基础性、综合性甚至常态化的专项工作而言，能够出台规范化的工作机制指导实践，无疑是对前述各项指导模块的制度转化，对于提出工作标准和明确程序，具有较高的规范性和指导力，但同时大量工作并不具备出台指导意见的条件，或者已出台指导文件的工作也需要更多可视化、可检索、可操作的运用平台，这些都需要引入大数据和信息化理念，补充和拓展业务指导方式，提高指导的便捷性、有效性和科学性。因此建议：当前，应尽快在多层次检察业务指导体系构建中融入以一网通办、一网统管为重点的数字化转型，将信息化理念融入业务指导内容、方式和展示界面等环节，在日常指导中注重在线化、可视化、共享化思维的运用和传导，进而使科技真正成为业务指导和业务工作的智慧支撑。

四 新时代多层次检察业务指导工作的实践

（一）强化检委会的宏观指导作用

在检察组织体制中，检委会处于司法决策的顶层，检委会的功能定位于决策、指导、监督三个方面。当前，检委会的业务指导功能主要通过审议制定检察业务指导性、规范性文件，审议检察业务条线或专项业务分析报告，发布指导性或典型案例等形式实现。[①] 宏观性是检委会重要的功能特征，宏观指导主要是指通过对检察工作中贯彻落实国家法律、政策以及上级机关部署等重大事项、全局性问题的讨论，研究提出指导性意见，指导检察工作依法规范开展。[②]

内设机构改革后，原有的业务指导体系被打破，各检察业务条块面临调整适应，为确保指导理念和标准统一，更需要深刻认识检委会对于把握检察改革方向、推动检察工作的重要价值，发挥好检委会宏观指导弥合条块分

[①] 刘昌强：《检察委员会制度研究》，中国检察出版社，2013，第185页。
[②] 宏观业务指导是检委会一直以来具有的一项重要职能。从组织学上说，从一种组织形式到另一种组织形式的演变过程中，为了保持演变的平稳有序，必定存在一定的代偿关系，即如何延续原有组织形式的正向功能，使之在新的组织形式中得到发挥。

隔、整合引领等正向功能，在工作重心上进一步突出检委会对检察工作的政策性和标准性指导，有效发挥检委会的地位和资源优势，在事项类议题中扩大宏观业务指导的范围，充分运用专家咨询委员会、业务数据会商研判、专业化办案团队等"智慧辅助"机构或资源，研究并部署重大专项工作，统一法律政策适用。

（二）梳理各类业务指导模块

建议省级检察院综合业务部门统筹各部门系统梳理相关指导规定，充分发挥"检答网"、专业办案团队等力量，重点梳理四大检察指导中共性的规范性指导内容，提炼最大公约数，建立可在多个条线复制利用的指导模块，统一同质问题指导口径，整体提升指导规范和工作效率。

1. 业务部门指导模块

建议对十大业务部门指导的共性业务规范予以梳理，对可以模块化的业务规范类指导内容，按照四大检察分类，由职能部门梳理汇总并建立业务规范和指导标准，形成工作指引或操作手册，供各部门指导实践。例如，2019年上海市院第一检察部就出庭公诉规范制作了五集视频短片，内容涵盖速裁程序、简易程序、普通程序和二审程序的出庭规范、庭审常见问题和应对策略，对于全市刑检部门此项工作的规范提出了明确的标准，值得各通用模块的指导部门借鉴推广。

2. 综合业务部门指导模块

对于综合业务部门指导的内容，建议针对可直接指导的内容建立综合业务指导模块，区分可直接由综合业务部门指导的和需要通过其他载体间接指导的类型，以适用于各相关业务部门。对于间接指导，由于其指导关系的关联，是对综合业务部门提出的分析性、评价性、提示性内容，经一定层级认可或通过后，对其他业务部门的业务工作产生影响而形成的，其是从检察工作的全局高度对特定业务工作中存在的普遍性、代表性问题提出的建议意见。基于这种关联的特殊性和间接性，往往很难直接指导司法实践，需要通过融入相关业务部门日常工作、借助于条线具体的工作要求和指导方式，才

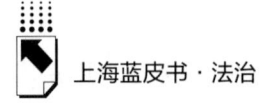

能有效发挥作用。因此，建议建立相关报告发布、通报制度，明确各类报告发布范围和落实机制，通过推动各单位和业务部门结合工作实际，组织对照查摆问题，以规范司法行为，提高业务水平。

3. 案例指导模块

对于案例指导，除了各业务部门应对案件请示中的共性问题定期梳理分析，内化于条线业务日常指导之中外，重点是对于各类典型案例，建议法律政策研究部门和各业务部门各有侧重，建立典型案例库，并运用于业务指导。

一是对于法律政策研究部门，建议突出案例分析的广和新，对社会影响大、关注度高或各地通报的典型案例，建立第一时间收集分析工作机制，既可以对于典型、新型问题组织研讨，比如对于"昆山反杀案""云南丽江反杀案"，从案情通报的表述到正当防卫的认定都值得分析研究；也可以就发现的具体价值点交由其业务指导部门，如对于"中国工程院院士李宁贪污案"中，就其按照最新科研经费管理办法的相关规定，对贪污数额如何核减并不再作为犯罪评价等法律适用问题，提供给相应业务指导部门供其在司法办案和业务指导中研究参考。

二是对于各业务部门，建议突出案例分析的深和实，紧密围绕工作职责，梳理相关检法典型案例，建立条线案例库，形成以指导性案例为标杆，以典型案例、参考案例、指导性备选案例等为依托的多层次案例指导模块，以供分析共性法律适用规范，并不断丰富查阅和检索途径，方便业务指导和实践参照。同时，应更加注重对高检院办理的案件、高检院纠正的错案、各地相关无罪案件、诉判不一案件、检法存在认识分歧案件等的分析，提炼出各类案件办理过程中需引起重视的问题，作为案例指导的有益补充。

（三）明晰专项检察业务指导模式

如何有效组织、科学指导一项专项工作，其重点还是要提出清晰明确的指导路径和方式，以避免指导过程中的重复、矛盾或缺位。通过分析专项工作的规律，从有利于确定指导主体、指导路径和指导方法的角度，建议从纵向、横向两个方面构建多部门专项工作的指导模式。

1. 完善主导式专项业务指导模式

主导式专项业务指导模式主要应用于改革后纵向上由一部门推进变为需多部门合作推动的专项活动。主导式专项业务指导模式重在强化"部门主导",以问题为导向,完善指导标准。对此类专项工作的指导,建议在省级院层面建立特别检察官联席会议制度,联席会议由牵头部门分管此工作的部门负责人召集,成员由每个部门负责此项工作业务指导的检察官组成。对于通过联席会议明确的指导标准和工作要求,可以通过特别检察官联席会议通报的形式予以固定,便于各条线按要求纵向自行开展业务指导;对于疑难复杂问题,如联席会议无法形成一致意见,可以通过召集检察官报牵头部门,由牵头部门负责协商研讨、沟通联络,或掌握报请分管检察长、检委会或高检院,这样既有利于牵头部门专项工作的全市整体情况,强化各部门检察官的指导职责,也确保突出问题能够得到及时汇总解决,各部门指导口径和工作规范的相对统一。

2. 健全协同式专项业务指导模式

协同式专项业务指导模式主要应用于改革前后均涉及多部门横向协作参与的专项工作。针对此类专项工作,考虑到其重要性和全局性,建立协同式专项业务指导模式,重点突出"业务贯通",以整合为目标,深化工作成效。一方面,确定业务指导的组织架构,一般应在省级院成立由检察长任组长的工作领导小组,并由领导小组办公室所在的部门作为办事部门,该部门相当于秘书处,负责专项工作的组织推进。另一方面,对各参与部门赋能,即推动各参与部门与专项工作的结合点最大化,激发各条线参与此项工作的积极性,将此类专项工作"化整为零",由各条线分头独立研究、指导推进,再"化零为整",交由领导小组办公室统一指导。

(四)创新线上线下交互式指导平台

业务指导模块和模式的建立,重点是解决上级院对下级院指导内容的规范性供给问题,即如何整合业务指导内容,形成标准统一、可操作性强的指导模块和模式，以有效充实、规范业务指导的内容供给。但这些内容如何被传导、获知和运用，不仅关系到指导的便捷性和感受度，更事关指导最终的执行力、实效性和获得感。为此，有必要在现行指导方式下，特别是对于调查问卷中显示的最迫切需要的业务指导内容，进一步完善线上线下指导方式，使其成为互为补充的有机整体。

1. 线下指导：突出有形指导与无形影响相结合

线下指导，重在通过整合业务指导资源，完善业务指导流程，发挥分层分类指导作用，保障上述规范化指导模块的标准化构建和均衡化执行。

一是进一步明确业务指导岗位和完善业务指导流程。纵向上，岗位的清晰有利于构建业务指导的树形结构，能够及时发布、收集、反馈各类业务指导要求和需求，提升业务指导的质量和效率，形成三级院层层对应的良性互动格局。横向上，由于同类程序性问题分散在不同业务部门，对于某项具体工作各指导岗位是否掌握了统一的标准，对于工作能否有效落实就显得尤为重要。为此，建议引入前文主导式专项业务指导中的特殊检察官联席会议制度，通过联席会议确保各项工作认识统一，并通过各业务指导岗位及时捕捉基层需求，收集反馈情况，实现指导标准的动态均衡。纵横交错，实现同类问题业务指导"找得准""答得准"。

二是全面提升业务培训品质。如果说业务指导岗位的强化，更多的是点对点被动解决具体业务问题，那么业务培训就是线对线的指导形式，实现被动性与主动性、条线性与区域性相结合。一方面，对于业务条线，业务培训是重要的指导方式，既需要前期调研培训需求，对最迫切的业务指导、考核指标等问题予以集中讲授，也需要主动设置目标，针对条线工作的精神理念和实务经验，通过实训予以交流分享，因此建议在培训课程设置时增加实训性、论辩性、讲评性内容比重，鼓励检察智慧的展示、讨论和争锋，深化全条线对实务问题背后执法理念和司法政策的思考和认识。另一方面，对于各级院，业务培训既是重要的队伍建设内容，也是分层分类指导的具体体现，因此有必要进一步发挥院内检察业务专家、资深检察官的引领作用，既带动本院的业务学习，夯实基础业务，又可以打磨培育精品实训课程，条块结合丰富业务培训的层次性，提升获得感。

三是营造业务研究氛围。可主动开展业务指导而不限于业务培训，例如，目前上海市院定期开展的"75号咖啡"活动，其对于司法实践中争议或难点问题的研讨，虽不是明确的业务指导操作规范，但势必会在理念上对相关案件或问题的解决产生影响，其智力成果当然是对检察业务指导素材的积累。因此，建议在传统的业务指导方式基础上，充分整合并发挥各条线核心团队和业务骨干的力量，引入更多开放型、碰撞型、复合型业务互动，形成更多有影响的学习平台或品牌，使每一名干警都可以在这个平台中展示风采、汲取养分、指导实践，使其既能在司法办案中充分发挥检察官在诉讼活动中的主导作用，又能积极参与、推动解决社会治理问题，努力在司法理念上做法治风尚的引领者。

2. 线上指导：突出可视化、易检索和智能化功能相整合

线上指导，既是对线下指导规范的数据化和可视化补充，也为线下的业务指导和实务工作提供了检索和指引。

一是微观层面，建议将可流程化、可视化的指导内容内嵌于统一的业务系统，如在检察建议模块设置"人民检察院检察建议工作规定"链接，方便及时学习对照。同时对于"检答网""业务考核系统""问题库"等平台收集的业务指导问题和需求，经各业务条线审核确认后，可以通过信息化手段予以指导的内容，均建议通过系统关联、关键节点触发等操作予以显示或推送，提高业务指导的及时性和便捷性；对于无法内嵌的内容，也可由各业务条线汇总整理，上升到中观层面予以解决。

二是中观层面，建议借鉴互联网企业组织架构中的经验，构建一个资源整合和能力沉淀的平台。① 如在省级院层面，以上海市院为例，综合业务部门可统筹各业务条线，建立各自的业务指导或法律研究或数据共享平台，梳理发布各部门的业务指导资源，包括上述基础性业务指导的各模块

---

① 张建锋：《数字政府2.0：数据智能助力治理现代化》，中信出版集团，2019。

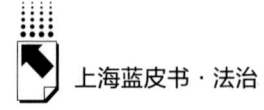

内容、案例库、"检答网"精品问答、考核指标解读等，还可以探索结合上海检信，将可以于互联网公开的内容整合为上海检察百科，方便检察干警及时在移动端查阅、学习、获取指导，提升整体检察资源的利用效率和效能。

三是宏观层面，进一步加强内部数据资源的整理优化和外部数据资源的引入比对，善于运用大数据分析丰富思考维度，研判关联性问题，提出解决思路，如运用数据分析提升认罪认罚从宽案件量刑建议的精准度等，充分发挥大数据分析在业务决策中的参考作用，进而提高业务指导的精准度、科学性和前瞻性。

B.5 创新开展金融检察工作 服务上海金融中心建设

李小文　张泽辰*

摘　要： 上海检察机关为服务上海金融中心建设，主动对接大局，创新开展金融检察工作，做优做专金融检察。以司法办案为中心，确保重点领域金融风险妥善化解；以服务大局为宗旨，为城市发展提供检察保障；以协同办案为基础，主动融入防范金融风险攻坚战大局；以延伸检察功能为重点，助力金融领域综合治理；以队伍建设为保障，提升防范化解金融风险能力水平。

关键词： 金融检察　风险防范化解　金融中心建设

党的十九届四中全会指出："要加强资本市场基础制度建设，健全具有高度适应性、竞争力、普惠性的现代金融体系，有效防范化解金融风险。"习近平总书记强调："金融是国家重要的核心竞争力，金融安全是国家安全的重要组成部分，金融制度是经济社会发展中重要的基础性制度。"按照党中央、国务院决策部署，2020年，上海已经基本建成与我国经济实力以及人民币国际地位相适应的国际金融中心。上海检察机关始终把服务保障上海国际金融中心建设作为重要政治责任和法治责任，大力加强金融检察工作，

---

* 李小文，上海市人民检察院第四检察部副主任；张泽辰，上海市人民检察院第四检察部检察官助理。

持续探索机制创新,不断优化司法供给,积极参与防范化解金融风险,协力擦亮"上海金融"的世界名片。

一 以司法办案为中心

2020年1~12月,上海检察机关共受理金融犯罪审查逮捕案件1165件1858人,受理金融犯罪审查起诉案件1776件3361人,案件数量较2019年分别下降34.3%和13.9%。近年来,金融犯罪手段不断翻新,隐蔽性、欺骗性增强,涉案金额持续攀升,对金融安全、社会稳定构成较大威胁。上海检察机关立足检察职能,首先通过有力指控犯罪实现特殊预防,防范化解金融风险。

(一)全力推进精准办案

妥善办理金融刑事案件,把握"三个效果"统一,努力把每一个金融犯罪案件办成铁案、办成精品,让人民群众在每一个司法案件中都感受到公平正义。近几年办理了一系列具有指标意义的重大疑难案件、新型首例案件,其中包括全球第二例、全国首例滥用高频交易软件操纵期货市场案,有重大影响的吴小晖集资诈骗案,全国首例非法经营新三板股票案,全国首例电子票据诈骗案,全国首例利用沪港通账户内幕交易案,全国首例"虚假申报型"操纵证券市场案,全国首例证券犯罪领域适用"从业禁止"案等。这些案件或案情复杂、专业性强,或无先例可循,新情况新问题多,上海检察机关充分发挥检察一体优势,攻坚克难。切实发挥案例指导作用,朱炜明"抢帽子"操纵证券市场案入选高检院第十批指导性案例,另有3个案例入选高检院和证监会联合发布的证券犯罪典型案例,实现了案件办理"三个效果"的有机统一。

(二)同步推进司法办案和追赃挽损

在追求成功指控犯罪的同时,兼顾追赃挽损、化解矛盾和维护稳定。将追赃挽损贯穿提前介入、审查逮捕、审查起诉、法律监督全过程，依法用好用足法律手段，最大限度减少投资人实际损失。对易贬损及保管、养护成本较高的涉案财物，积极采取拍卖等处置方式，依法尽早变现，实现价值保全。如在办理一起非法集资案中，检察机关通过提前介入及时引导追赃、主动出击联合走访协调外地有关部门、鼓励主动退赃等方式全额追赃 1 亿元。在追赃挽损过程中检察机关注重法律监督，努力将对企业正常经营活动的影响降至最低，如在办理一起重大非法集资案件中，依法纠正了对某国有控股公司资产的不当查封；另有一起案件中引导公安机关对一家拟上市公司提供等值抵押物后解冻股权，保障公司上市进程。

（三）重点推进类案办理和规范化指引

上海市院在加强个案指导的基础上，着力推动类案办理指引的出台，注重研究金融领域类案问题，聚焦争议焦点，统一办案标准。针对信用卡类案件，上海市院联合市公安局、市高院出台了《关于办理恶意透支型信用卡诈骗犯罪案件若干问题的指引》，着力解决了当时连续数年位居金融犯罪案件榜首的信用卡诈骗罪常见问题；针对办理妨害信用卡管理案件中遇到的问题，经与维萨、万事达卡、中国银联三大卡组织会商，出台《关于办理妨害信用卡管理案件若干问题的指引》。针对非法集资案件，上海市院于 2016 年即对该类案件高发趋势作出准确预判，并出台《关于办理涉互联网金融非法集资案件若干问题的指引》，又联合市高院、市公安局出台《办理涉众型非法集资犯罪案件的意见》。上述规定的部分内容被相关司法解释或规范性文件所吸收借鉴。2020 年又相继起草了洗钱犯罪、商业秘密犯罪等类罪办案指引。

（四）不断推进捕诉研防一体化办案机制

作为全国省级检察机关中首家金融检察专业办案部门，上海市院金融检察部门自 2011 年成立以来，即坚持金融犯罪案件"捕、诉、研、防"一体化办案模式并不断探索完善。建立健全金融犯罪案件公检法联席会议制度，一方面，加强公检衔接，建立对重大金融犯罪案件、新类型金融犯罪案件的

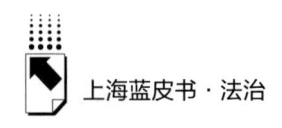

提前介入、引导侦查常态机制，发挥检察机关在诉前程序中的主导和把关作用。另一方面，加强诉判对接，完善与法院的沟通协调机制，统一法律适用标准，加快推进诉讼进程。加强检察一体化，依托"金融检察官联席会议"，三级院检察官联合会商重大有影响的疑难案件，确保办案质量。

二 以服务大局为宗旨

2018年11月，习近平总书记出席中国国际进口博览会期间，宣布交给上海三项新的重大任务，对上海提出了更高要求。上海检察机关立足自身职能，主动对接城市新任务，提供检察服务保障。

（一）对接自贸区新片区建设

上海检察机关加强与自贸试验区各片区管理局的沟通联系，把已有的服务保障举措做细做扎实，持续抓好巩固深化工作。对标最高标准、最好水平，加大创新实践力度，出台《上海检察机关服务自贸新片区检察保障工作方案》，细化落实自贸区内司法制度供给、知识产权保护、金融风险防范等各项"硬核"措施，全面提升服务保障能级。调整服务保障自贸区临港新片区检察领导小组，有效统筹各级院资源，强化整体系统规划。与临港新片区管委会建立常态化联系机制，调研听取司法需求，出台《上海市检察机关关于服务保障中国（上海）自由贸易试验区临港新片区的工作意见》，推出六大项22条新举措。同时，在临港新片区设立知识产权保护中心、检察服务基地，对接新片区金融创新、产权保护等制度改革和监管需求，提升检察服务保障效能。与新片区管委会共同召开案情通报会，提示预警区内潜在刑事犯罪风险。

（二）服务保障科创板试点注册制，开展证券期货犯罪预防及风险提示

按照高检院指示，上海市院设立了证券期货犯罪办案基地，2019年9

月召开新闻发布会通报 2014～2018 年度全市证券期货犯罪案件的审查情况和典型案例，并就该类犯罪趋势及风险作出预警预判。服务保障科创板并试点注册制，与上交所签订合作备忘录，并共同推出《证券市场信息披露相关违法犯罪风险防控手册》，强化执法办案的行刑衔接，共同开展投资者保护、资本市场犯罪风险防控等工作，为设立科创板并试点注册制保驾护航。出台《上海市检察机关关于深化服务保障科创板注册制改革的实施意见》，建立健全与科创板及注册制相适应的检察机制，促进资本市场各方参与主体依法履职尽责，切实回应科创板注册制改革及新证券法实施背景下资本市场改革与治理的检察需求。主动对接科创企业，依托司法服务基地、检察官工作室等，及时掌握行业发展动态，了解企业司法需求，为科创企业、知识产权权利人提供优质检察服务。

（三）优化法治化营商环境服务长三角一体化发展

上海检察机关贯彻落实《上海市优化营商环境条例》《关于营造更好发展环境支持民营企业改革发展的意见》，积极对接上海优化营商环境 3.0 版，研究细化更为精准、更具实效的服务措施。结合上海国有经济占比重、民营经济发展势头强、高端外资企业多、总部型经济特征明显等实际，精准适用刑事司法政策，加强对各类所有制经济的平等保护。聚焦长三角一体化，联合长三角地区检察机关深化金融、知识产权领域刑事检察协作。与长三角生态绿色一体化发展示范区执委会磋商区域知识产权保护举措，联合执委会、三省市场监管局及法检单位出台示范区强化知识产权保护推进先行先试的若干举措。挂牌成立上海市检察机关虹桥商务区知识产权保护中心，三分院与虹桥商务区管委会签署《关于推进上海虹桥商务区知识产权保护机制建设的战略合作备忘录》，上线知识产权检察服务平台。

三 以协同配合为基础

金融风险的防范化解是一项复杂的系统工程。上海检察机关注重与金融

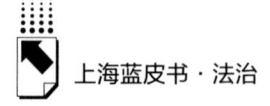

监管等其他部门形成一套行之有效的沟通协调机制，形成防范化解金融风险的合力。2019年9月，上海市院制定出台了《上海检察机关组织开展打好防范化解重大金融风险攻坚战实施方案》，进一步贯彻落实中央、高检院和上海市委要求，融入工作大局。

（一）落实上海金融检察联席会议制度

由上海市院牵头组建，中国人民银行上海总部、市银保监局、市证监局等单位参加，开展信息交流和办案协助，实现检察司法办案与金融监管政策导向的有机衔接和双向联动。依托联席会议制度加强沟通协调，全面准确认定金融行为性质，统筹兼顾金融创新与金融风险防范，提升防范措施精准度。加强"两法衔接"，落实金融违法犯罪线索及时移送和沟通机制，形成闭环。

（二）建立日常工作交流平台

上海市院和市银保监局、证监局、外汇管理局等金融监管部门签订定期工作交流备忘录，建立协作沟通的常设性平台。在落实日常工作交流中，上海市院注重延伸职能，积极参与推动金融监管。上海市院积极配合银保监局、证监局等部门，在全市金融机构范围内开展金融风险"自查自纠"活动，落实风控措施，最大限度预防和减少金融突发事件对经济和社会造成的危害。在市院成立反洗钱工作领导小组，统筹推进反洗钱工作，与公安机关、法院、人民银行、海关、海警局等建立洗钱犯罪线索移送、办案协作等机制，签署《建立反洗钱专项工作制度合作备忘录》。

（三）建立防范化解金融风险平台

依托市地方金融监管局、市公安局、市银保监局、证监局、市市场监管局等数据库平台，建设金融违法犯罪情报分析和通报机制，做到数据融合融通，共同分析研判，加强预警，登记造册备案，提升金融风险防范意识。对重大涉诉涉访案件，提前掌握信访动态，做到早预警、早应对、早处置。针对非法金融活动不断涌现的现状，于2019年12月联合市地方金融局、市公安局、市高院、中国人民银行上海总部、上海银保监局、上海证监局等开展"打击和防范非法金融活动集中宣传活动"，引导广大群众擦亮眼睛、主动防范、守住自己的钱袋子。

四　以延伸检察功能为重点

在办好案件的同时，上海检察机关注重延伸检察职能，发挥法律监督作用，综合运用检察措施，提供精准检察服务，筑牢防范金融风险的法网，助力金融领域综合治理，促进金融市场健康有序发展。

（一）依托检察建议参与社会治理

结合办案加强对金融犯罪发案原因的分析研判，注重发现案件中暴露出的金融监管中存在的问题，为优化监管、防范化解金融风险、打早打小金融违法行为积极提出检察建议。针对信用卡诈骗案中反映银行等金融机构在发卡授信、客户信息保密、法律风险告知与催收、提供证据等方面存在的不足之处，向市银监局提出有针对性的建议。此后连续数年，上海涉信用卡类案件逐渐呈下降趋势，体现了检察机关在防范金融风险方面的积极作为。针对欺诈发行私募债券系列案中反映的审计会计等中介机构"看门人"责任缺失，助推市场欺诈行为的问题，在最高检指导下向中国注册会计师协会制发检察建议，推进加强行业自律。强化私募基金、银行保险、证券期货等领域类案分析研判，向涉案金融机构等制发检察建议、情况通报等4份，助力完善金融监管制度。同时，针对金融广告领域存在的问题，向市整治虚假违法广告联席会议办公室制发工作建议，提议开展非法金融广告专项整治。

（二）依托规范机制应对信访矛盾

有效应对涉众金融犯罪案件激增的严峻形势，建立办案风险评估、信访接待、舆情应对、请示报告等一整套工作机制，与信访部门、各级院形成横

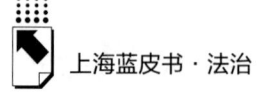

向纵向联动机制。制定出台《关于办理涉众型金融犯罪案件风险防控的意见（试行）》《关于涉众型金融犯罪案件信访接待工作的意见（试行）》《涉众型金融犯罪案件群众来访告知指南》等，明确了涉众型金融犯罪案件的办案原则、风险评估、检务公开、告知接待、内部合作与外部配合、舆情应对以及涉案财物处理等问题，有效应对信访矛盾。同时，对每一起重大信访风险的金融案件，均提前制定完备的处置预案，做到有章可循、有序维稳。

（三）依托法治宣传提升公众防范意识

与金融监管部门、公安局、法院等建立普法宣传联动机制，并以点带面推动全市各区持续开展"法律六进"活动；组织各级院在"3·15"消费者权益保护日、"4·26"世界知识产权日、"5·15"全国公安机关打击和防范经济犯罪宣传日等关键节点开展集中宣传，充分依托报刊、电视广播、网站、微博、微信等传统及新兴载体，加大宣传力度，创新宣传举措，强化工作效果。上海市院依托在徐汇区院设立的全国首家预防金融从业人员犯罪教育基地，不断增强金融从业人员的法治意识。针对投资风险意识和法律意识薄弱的老年人群体、金融犯罪高发多发的互联网领域，上海检察机关制作"击破非法集资骗局上海检察出招"短片，以喜闻乐见的形式提升人民群众的金融风险防范意识和识别违法犯罪能力。持续开展针对金融、知识产权犯罪的"庭审直击"，邀请专家和检察官对有典型教育意义的内幕交易等9起案件进行全程解读。创新制作检察"微电影""微课堂"，2020年以来有11份金融犯罪预防宣传作品被高检院"金融检察微课堂"采用，体现最直观的法律宣传效果。

五 以队伍建设为保障

按照"讲政治、顾大局、重自强、谋发展"的总要求，聚焦核心能力核心团队，把专业化建设摆到更加重要的位置来抓，进一步提升防范化解金融风险的能力和水平。

（一）完善办案组织

上海检察机关以内设机构改革为契机，以检察官办案组为基本单位，重构金融检察专业办案机制，在上海市院、三分院及四个基层院专设办理金融犯罪案件的机构，全市三级院均成立了金融检察专业化办案组。上海市院发挥一体化办案优势，面向全市三级院选取资深检察官组建了证券期货、银行保险金融检察办案核心团队，精心制定行动方案，落实"专业化办案、专业化研究、标杆性培养、开放性管理"要求，提升金融检察核心能力。2020年以来，专业化办案团队就非法集资追赃挽损、骗取贷款等制定司法解释修改意见供高检院参考。此外，通过举办"盗刷险赔付系列案件"等各类法律适用研讨会、解读最新法律规定等方式，为一线办案提供支持。

（二）设立研究中心

上海检察机关进一步完善工作格局，在上海市院设立"上海金融检察研究中心"，结合金融专业分类和分院办案优势，在一分院设立"证券期货金融犯罪研究中心"，在二分院设立"银行保险金融犯罪研究中心"，在三分院设立"金融创新检察研究中心"，承担金融犯罪案件办理、对策研究、机制建设、专业化培训和法治教育等工作，全方位提升金融案件办理水平。目前，三个分中心均已组织召开多次联席会议、专题研讨会，走访调研金融监管部门。

（三）注重内部挖潜

上海检察机关坚持"实案、实务、实战"练兵模式，突出实战历练特别是大要案锤炼，指派业务骨干承办参办"阜兴系""善林系"等重大复杂案件，在"高压锅""炼金炉"里加快培养。坚持练为战、练为用的导向，以真实金融案例为载体、以实务技能为内容，依托"第十二届优秀公诉人选拔赛""以案说法"电视辩论选拔赛，促使一批青年金融检察办案骨干脱颖而出。与上海交通大学高级金融学院合作，举办长三角金融检察高级专

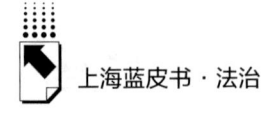

题研修班，提高金融检察官的专业能力和素养。做好资深检察官带教工作，完善检察官的传帮带机制，使新的办案力量尽快适应专业化办案需求。

（四）善于借助外脑

主办首届全球金融科技大会"外滩大会"的分论坛之一"网络金融犯罪治理高峰论坛"、首届上海金融检察论坛，借助外脑，分析现状，形成共识，加强研究，提高共治水平。举办"上海金融检察讲坛"，邀请专家学者、专业人士围绕科创板注册制、自贸试验区临港新片区等最新的金融监管政策、前沿问题开展专业化教育培训，促使金融检察人员熟悉监管政策，提高防范化解风险的能力。建设"中国金融检察法治创新研究基地"，与上海交通大学签署合作协议，加强检校合作，为金融检察工作提供智力支持。探索与金融监管部门互派挂职干部，拓宽工作视野，提升金融检察参与防范化解金融风险工作的精准度。

B.6 上海法治宣传教育五年回望

肖军 蓝玉喜 韩哲*

摘　要： 上海在"七五"普法中，深入开展宪法和中国特色社会主义法律体系的宣传教育；努力为上海"十三五"规划顺利实施营造良好的法治环境；聚焦关键少数和重点对象实施法治宣传教育；以社会主义核心价值观引领城市法治文化建设，取得了很大的成绩，形成了一些特色。"八五"普法应当以学习宣传践行习近平法治思想为核心内容和中心任务，总结经验再出发。

关键词： 上海法治　"七五"普法　法治宣传教育

2016年7月，上海市委、市政府批转《市委宣传部、市司法局关于在本市开展法治宣传教育的第七个五年规划（2016—2020年）》，同月，市人大常委会也作出"七五"普法决议，上海的"七五"普法由此全面展开。在习近平新时代中国特色社会主义思想指导下，上海的法治宣传教育紧紧围绕全市中心工作任务，服务改革发展大局，取得了很大的成绩，为推进全面依法治市，建设社会主义现代化国际大都市作出了积极贡献。

一　上海扎实推进法治宣传教育

（一）深入开展宪法和中国特色社会主义法律体系的宣传教育

上海以强烈的政治责任感和使命感全面推进宪法学习宣传和实施，确保

---

* 肖军，上海社会科学院法学研究所副研究员；蓝玉喜、韩哲，上海社会科学院法学研究所。

宪法修正案的核心要义和精神实质得到全面领会和有效贯彻。首先是市委率先垂范学习宪法。李强书记多次就学习宣传和贯彻实施宪法提出明确要求。市委常委会专题审议本市深入学习宣传和贯彻实施宪法的相关工作安排。市委还专门印发《关于深入学习宣传和贯彻实施宪法的通知》。全市领导干部宪法专题学习已实现全覆盖，累计开展领导干部宪法专题学习5000余场次，受众面达100万人次。全市各级党校、行政学院、干部学院、社会主义学院的各类主体班中均开设宪法学习课程。全市处级及以下公务员全部参加并通过网上宪法知识考核。

其次是全面实施宪法学习工程。推进宪法进机关、进学校、进企业、进社区、进乡村、进军营、进宗教场所、进公共空间、进网络等。宪法宣讲团累计已完成宣讲1000余场，现场听众超过30万人。在全市组织实施"人手一册，每户一本，居村一讲一阵地"学习工程，累计已下发1500余万份宪法宣传资料，成立区级基层宪法宣讲团16个，基层宣讲万余场次，参与的市民群众达500余万人次。全市各居村委在宣传栏、文化长廊、图书角等设立宪法宣传阵地10000余个，16个区的基层宪法宣传阵地实现了全覆盖。

最后是开展宪法宣传周活动，执行宪法宣誓制度。每年宣传周均拟定一个宪法宣传主题，有主场活动，还分设几个主题日。各委办局、各区根据统一部署在全市范围内开展百余场成规模的宪法学习宣传活动。上海成功承办全国第二个宪法宣传周主场活动。2019年12月1日，由中央宣传部、司法部、全国普法办主办，上海市委宣传部、市司法局承办的第二届全国宪法宣传周主场活动在长宁区虹桥街道古北市民中心举行。市人大常委会专门审议通过了《上海市实施宪法宣誓制度办法》。市委组织部、市公务员局每年在新录用国家公务员初任培训时，统一组织开展集体宪法宣誓活动，并在初任培训课程中专设宪法和依法行政8个课时。市高院、市检察院于12月4日国家宪法日当天举行法官、检察官集中宪法宣誓仪式。

（二）为上海"十三五"规划顺利实施营造良好的法治环境

上海法治宣传教育始终自觉服从服务于国家战略，紧扣市委、市政府中心工作。首先是围绕疫情防控精准普法。印发《关于加强本市新冠肺炎疫情防控法治宣传教育工作的通知》。迅速组织动员全市各级法宣工作部门及时编发疫情防控精准普法资料、疫情防控全民守法指引和典型违法案例。其次是做好《民法典》宣传工作。及时印发《中共上海市委全面依法治市委员会关于深入学习宣传贯彻实施〈中华人民共和国民法典〉的实施方案》。统一组建成立"上海市民法典宣讲团"。在"学习强国上海平台"开设《民法典》专栏或专题。在浦江两岸、人民广场等楼宇外墙、屏幕、灯箱等投放以"弘扬社会主义核心价值观、学习宣传《民法典》"为主题的普法公益广告和宣传标语。精心设计制作"民法典宣传沙画系列视频",邀请知名演艺明星录制《民法典》宣传短视频等。最后是围绕优化营商环境抓普法。上海法宣部门积极作为,立志当好服务企业发展的法治"店小二"。深入宣传《上海市优化营商环境条例》《外商投资法》以及轻微违法行为免罚清单等法律法规,协助企业完善规章制度,助力企业解决法律纠纷。

(三)聚焦关键少数和重点对象实施法治宣传教育

上海法治宣传教育牢牢聚焦关键少数,紧紧盯住重点对象,以重点促全面的思路,推动学法用法全覆盖。首先是抓好国家工作人员带头学法用法。将法治宣传教育纳入国家工作人员教育培训总体规划,健全党委(党组)中心组学法制度。印发《中共上海市委法律顾问工作规则》,16个区全面建立区委法律顾问制度。制定下发《关于进一步加强本市国家工作人员学法用法工作的意见》。制定出台《关于推动本市国家工作人员旁听庭审活动常态化制度化的实施意见》。确保本市国家工作人员每年不少于1次旁听庭审活动。积极开展领导干部"述法"工作,将学法用法情况作为履职考评重要内容。同时,全市处级及以上干部全面落实"逢提必考法"的要求。

其次是抓好青少年的法治宣传教育。会同华东师范大学和华东政法大学完成了教育部、司法部委托的《青少年法治教育大纲》研制工作,出版全国首部涵盖小学到高中阶段的青少年法治教育教材,并在全市各中小学试用。每年在全市组织开展高校大学生法治辩论赛、"新沪杯"中学生法律知识竞赛、"浦江杯"中小学生法治文艺作品征集、"法治小达人"培育、"百场法治讲座进百所中小学"、"法治教育优秀课件"征集等六大精品项目。组织参加全国学生"学宪法、讲宪法"比赛。着力加强依法治校。制定出台《关于加强本市法治副校长工作的意见》，全市各中小学校普遍配备至少1名法治副校长，覆盖率近100%。

最后是抓好企业经营管理人员、来沪务工人员等的法治宣传教育。已连续成功举办三届上海市企业法务技能大赛。2020年第四届大赛举办时，首次将参赛对象扩展至长三角地区，进一步持续发挥和放大上海市企业法务技能大赛的品牌活动效应。坚持每年在全市组织开展"诚信守法、依法经营"企业法治文化建设百场系列活动，其中市总工会为一线职工"送法律"活动累计惠及员工300多万人。打造滨江"建设者之家"等法宣阵地，开展法治宣传，依托来沪人员服务分中心为来沪人员提供法律咨询和服务，组织开展"百堂讲座进企业""送法进快递、外卖从业人员"等主题宣传活动，使法治宣传教育和法律援助服务融为一体。

（四）以社会主义核心价值观引领城市法治文化建设

市委办公厅、市政府办公厅印发《关于本市进一步把社会主义核心价值观融入法治建设的实施意见》，不断推进社会主义法治文化建设取得新进展。首先是高标准推进法治文化阵地建设。全市目前共有57个市级社会主义法治文化品牌阵地，33个市级社会主义法治文化品牌活动被命名。全市建成宪法广场、主题公园、景观大道、文化街景、文化小区等各具特色的法治文化阵地2000余个。其次是广泛开展法治文化活动。通过地铁文化长廊、地铁法治专列、公交站点海报、主题宣传折页等方式，着力打造具有影响力的法治文化公共空间。推动创作一大批优秀法治文化作品。2019年，本市创作推出的《依宪执政 初心使命》荣获全国宪法视频征集比赛一等奖。已连续举办八届"浦江法韵"公益广告大赛，连续组织开展四届法治楹联创作征评活动。"中国法治好故事"评比展演活动落户上海。

二 以务实创新促法治宣传教育出特色

上海作为改革开放排头兵、创新发展先行者，在法治宣传教育中坚持问题导向、需求导向，面向未来、面向世界，脚踏实地，勇于创新，不断产生富有特色的成果和经验。

（一）精准普法宣传助力疫情防控

印发《关于加强本市新冠肺炎疫情防控法治宣传教育工作的通知》，对加强依法防控疫情法治宣传工作进行了全面部署，明要求、提措施、亮责任。一是针对法治保障问题，及时通过新闻发布会、电视节目传递权威声音。先后多次派权威人士参加上海市政府新闻发布会。和市人大一起，参与上海电视台《夜线约见》节目，对上海市人大常委会通过的《关于做好当前新冠肺炎疫情防控工作的决定》进行权威解读。二是针对市民关心的热点问题，及时发布法律服务指引。疫情发生以后，本市12348公共法律服务热线以及"12348上海法网"网站、App和微信小程序开通24小时在线咨询，向市民提供法律咨询和建议。针对市民咨询较为集中的热点问题，梳理形成了新冠肺炎疫情背景下的合同履行指引、劳动关系指引等相关法律服务指引。三是针对疫情防控中的突出问题，及时设计制作，增加各类法宣产品供给。在全市范围内推出"众志成城·依法战疫"法治宣传系列海报，并在全市各街镇（乡）、村居、机关办公场所、医院、商场、学校、图书馆、车站、企业等广泛张贴。两期海报还被《人民日报》、学习强国、上海发布、澎湃新闻、《文汇报》等主流媒体转发，阅读量累计达到百万余次。制作涉及39类问题的《疫情当前，你不得不知晓的这些涉法事儿——滚蛋吧，病毒君》宣传手册上万册，发放到全市各街镇、社区。针对疫情防控中出现的诸如隐瞒行踪病情、不佩戴口罩外出、哄抬物价、贩卖野生动物、造谣传谣等突出问题，在相关微信公众号上推出"疫案释法"专栏，释法说理。邀请东方卫视节目主持人骆新、陈蓉、金炜等公众人物拍摄"现身说法"小视频，在全市各大地铁、公交以及近千栋商务楼、学校、医院、银行、旅游景点等电子显示屏上滚动播放，还通过手机短信平台向全市市民推送相关提示提醒短信，有效宣传依法抗疫内容。

（二）法治创建活动提高基层治理法治化水平

上海法治宣传教育坚持普法与治理并举，将法治宣传教育有机融入基层、各行业治理中，助力城市治理法治化、精细化水平不断提高。制定印发《关于加强全国民主法治示范村（社区）创建过程管理的通知》，建立市级重点培育单位库制度，命名80个市级重点培育单位；明确年度创建工作步骤，围绕解决基层治理难题形成创建任务清单；推动建立基层创建资源协调机制。加强全国民主法治示范村（社区）动态管理，按照司法部《关于开展全国民主法治示范村（社区）复核工作的通知》，统一部署本市获评全国民主法治示范村（社区）的复核工作。全市共有50个村居获评全国民主法治示范村（社区）。在本市全面实施乡村"法律明白人""法治带头人"培养工程，制定出台《本市乡村全面实施"法律明白人""法治带头人"培养工程操作指引（2020版）》，坚持示范引领，规范遴选程序，突出能力素质，加大培训力度，并逐步将培养工程由乡村向社区延伸。目前，全市已累计完成培养、注册"法律明白人""法治带头人"40000余名，有效发挥他们在推进法治乡村建设、提高村民法治素养、维护村民合法权益中的示范引领作用。修订发布《上海市法治城区创建评估指标体系》《上海市民主法治示范村创建评估指标体系》《上海市民主法治示范社区创建评估指标体系》。广泛开展依法行政示范项目、依法治理优秀案例和民主法治课题征评等活动，本市已有11个区获评全国法治城区创建活动先进单位，2016~2017年确认10个上海市依法行政示范项目。每年评选10个依法治理优秀案例和一批民主法治优秀课题，认真总结依法治理实践中的好做法，研究和破解民主法治建设中的痛点与瓶颈问题。

（三）新媒体新形式助推普法取得新成效

上海十分重视用新媒体、新形式开展法治宣传教育。充分发挥本市"大法宣"平台优势，推动落实"谁执法谁普法"、"谁主管谁普法"、"谁服务谁普法"以及本市各类媒体公益普法责任。12348公共法律服务热线、"12348上海法网"网站、App、微信小程序等24小时在线咨询，向市民提供法律咨询和建议。紧扣"互联网+法治宣传"思路，推出"沪法云"微信小程序，打造本市"智慧普法"平台。"法治上海"微信公众号紧密结合社会热点和受众需求，每天发布民生类、法治类信息，关注度不断提升，每年总阅读量超过1000万次。整合全市新媒体普法资源，建立上海法治传播新媒体联盟，推动联盟入驻今日头条、网易新闻，联盟每年总阅读量超过5000万次，影响力不断提升。"法治上海"连续多年获评政务新媒体优秀奖和最具影响力司法行政头条号。研制投放"徐小智""徐小法""宣宝"等普法机器人，开发AI法律问答系统，积极探索智能化普法新方式。上海市宪法宣讲团创新采取"菜单式、配送制"等方式，免费为基层广大干部群众配送宪法宣传讲座。充分利用各级各类官网、官微、App，结合报纸、广播、电视等大众传媒，深入地铁、公交、公园、广场等城市公共空间，通过悬挂标语、播放视频、举办讲座、开展主题活动等多种方式开展党内普法宣传教育。在"学习强国上海平台"开设《民法典》专栏或专题，供全市各级领导干部和国家机关工作人员等广大群体学习。精心设计制作"民法典宣传沙画系列视频"，邀请知名演艺明星，录制《民法典》宣传短视频等，在本市公共场所电子显示屏等视屏终端以及各大新闻网站实现线上线下同步展播。市法宣办会同市绿化市容局、市公安局、市建设交通系统等单位围绕《上海市生活垃圾管理条例》和《上海市烟花爆竹安全管理条例》等的实施、全市道路交通违法行为大整治行动、"五违四必"、中小河道整治、垃圾分类等重点工作，广泛组织开展各类主题宣传和法律咨询活动。全市处级及以上干部全面落实"逢提必考法"的要求。推进课堂法治教育，本市中小学校全面落实法治教育课时、师资、教材和经费保障。

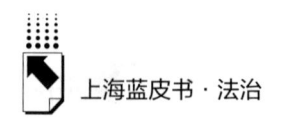

三 上海法治宣传教育再出发

"七五"普法圆满收官,"八五"普法即将开启。站在历史的交汇点,上海的法治宣传教育迎来崭新阶段。习总书记在纪念浦东开发开放三十周年庆祝大会上说,"在新时代中国发展的壮阔征程上,上海一定能创造出令世界刮目相看的新奇迹,一定能展现出建设社会主义现代化国家的新气象"。上海的法治宣传教育一定牢记习总书记嘱托,再出发。

新阶段的法治宣传教育应当以学习宣传践行习近平法治思想为核心内容和中心任务。习近平法治思想是当代中国的马克思主义法治理论、21世纪马克思主义法治理论,是思想深邃、内涵丰富、意蕴深刻、逻辑严密、系统完备的科学理论体系。习近平法治思想集中体现了我们党在法治领域的理论创新、制度创新、实践创新、文化创新,具有深厚的历史底蕴、崇高的思想品味、鲜明的实践品格,彰显出至深的人民情怀、饱满的时代精神、恢宏的中国气派。我们一定要学习好、宣传好、践行好习近平法治思想。

新阶段的法治宣传教育应当从以往的不足中寻找突破点。上海"七五"普法的不足主要表现为以下几方面,一是体制机制还不够完善。少数部门、单位对"谁执法谁普法"还认识不到位,普法责任制有待全面落实,执法与普法的融合度有待进一步提升,行政执法过程中开展普法的精准度也有待进一步提高。二是方式方法还不够多样。普法工作分层分类和责任传导方面还略有不足,宣传形式也比较单一,以移动互联网为平台的法治宣传教育功能开发不够高效,运用微信、微博、微电影等新媒体开展普法活动不够充分。新闻媒体和相关单位开展法治宣传的持续性仍显不足。三是品牌知名度还不够高。制作刊播的法治类节目中,特色明显、影响力强、覆盖面广的节目数量还不够多。标志性的法治文化阵地和活动项目也比较少,对法治社会建设的支撑作用还有较大的拓展空间。这些不足一定要在"八五"普法中得到克服或者明显改善,使新征程上的法治宣传教育亮点更多、特色更强、效果更好。

B.7
上海市人大常委会基层立法联系点的实践探索

姚 魏 邓少岭*

摘 要： 2016年，上海市人大常委会设立了10家基层立法联系点，开启了地方上基层立法联系点制度的试点。基层立法联系点是中国特色社会主义民主政治和法治发展过程中产出的独特成果，是党群众路线的具体落实和创造性实践，也是社会主义民主的必然内容和生动展现，反映了立法中"全过程的民主"。基层立法联系点具有"基层属性"、"立法属性"和"联通属性"。上海市人大常委会通过"扩点增质"和修改"工作规则"等手段、方法，在各基层立法联系点的配合与努力下，取得了民主立法的显著成效。今后应参照工作实效不断回头反观和反思制度设立、设计、运行和操作方面的得失成败，以谋求进一步改进和完善，争取实现良性发展。

关键词： 上海市人大常委会 基层立法联系点 民主立法

党的十八届四中全会通过的《关于全面推进依法治国若干重大问题的决定》将"建立基层立法联系点制度，推进立法精细化"作为"深入推进科学立法、民主立法"的重要手段。2015年和2016年，全国人大常委会法

---

* 姚魏，上海社会科学院法学研究所助理研究员，法学博士；邓少岭，上海社会科学院法学研究所副研究员，法学博士。

工委和上海市人大常委会分别设立了4家和10家基层立法联系点，由此分别开启了全国和上海市关于这项制度的试点工作。这项制度的运行，极大地拓宽了公民有序参与立法的途径，充分调动了人民群众参与立法的积极性，全面展示了人民民主是全过程民主的优势。2019年11月2日，习近平总书记到虹桥街道古北市民中心考察并强调，该基层立法联系点立足社区实际，认真扎实开展工作，做了很多接地气、聚民智的有益探索，该制度是中国特色社会主义民主的一个实现方式和路径。值得关注的是，上海市人大常委会基层立法联系点建立并运作五年来，不断进行制度创新，积极履行自身职能，取得了丰硕成果，受到了广泛赞誉。目前有必要对其进行初步的经验总结和理论探讨。

一 市人大常委会基层立法联系点的功能与属性

基层立法联系点是中国特色社会主义民主政治和法治发展过程中产出的独特成果。它是党群众路线的具体落实和创造性实践，也是社会主义民主的必然内容和生动展现。基层立法联系点是人民代表大会制度框架中嵌入的方便人民群众直接参与立法过程的重要构件，是人民代表大会制度发展完善的一个具体环节，是我国代议制民主和某些直接民主相结合的一个结晶。选举民主和协商民主相互结合、相得益彰是我国人民民主的重要特色，基层立法联系点将协商因素和优势注入人大制度，构成两种民主相辅相成、相互结合的实践典范。

与此同时，基层立法联系点也是社会治理、城市治理体系的具体组成部分，它能够比较灵敏地反映社会需求、回应群众诉求，有助于提高国家治理能力，丰富和完善治理体系。基层立法联系点亦是实现党的领导、人民当家做主和依法治国有机统一的具体连接点，是实现科学立法、民主立法的有效方式和富有潜力的生长点。中国特色社会主义民主是全过程民主，基层立法联系点是其有机构成部分和具体环节，其自身也可全过程参与立法。民主不应该简单局限于投票那种短时间内的意志表达，不应该在投票时苏醒，之后便陷入酣眠。卢梭曾言:"英国人民自以为是自由的;他们是大错特错了。他们只有在选举国会议员的期间,才是自由的;议员一旦选出之后,他们就是奴隶,他们就等于零。"① 而习近平总书记强调:"我们要坚持国家一切权力属于人民,既保证人民依法实行民主选举,也保证人民依法实行民主决策、民主管理、民主监督,切实防止出现选举时漫天许诺、选举后无人过问的现象。"②

联系点制度为基层群众提供了从立法规划、立法计划、立法选项、立法起草到立法评估等立法过程诸环节的参与通道和方式。它有利于基层群众通过审慎思考、理性对话以形成共识的方式,具体而真实地参与立法,有效影响立法决策,把国家、地方、社区和家庭、个人的利益更加紧密地联系起来,从而提高立法质量,完善社会治理,进而更好地解决问题,疏通和温暖民心。从哲学上讲,事物的概念需要实现"所指"和"能指"相统一,即"名实一致","基层立法联系点"的名称充分显示了它的内涵和功能,它至少包含"基层"、"立法"和"联系"三个基本要素。也许不同类型的联系点在这三个要素的构成比例上有差异,但它们或多或少都应具有。时任上海市人大常委会主任殷一璀在2019年基层立法联系点工作交流推进会上也提出,基层立法联系点必须在增强"基层属性"、"立法属性"和"联通属性"上下功夫。以下我们可以对这三种属性逐一进行分析。

1. "基层属性"

按照通常理解,"基层"是指行政区划意义上的较低层级,比如全国人大常委会法工委基层立法联系点的行政层级最高是"设区的市",最低是"街道",即相对于自己(中央)下降两个层级(跳过省级)以上便是"基层"。上海市人大常委会在选择基层立法联系点时也是按照这个思路,即社群型联系点最高为"街道"(跳过区级),最低为"居委会(市民中心)"。其实,无论是十八届四中全会的决定,还是我国《立法法》的精神,抑或

---

① 〔法〕卢梭:《社会契约论》,何兆武译,商务印书馆,2003,第121页。
② 习近平:《在庆祝全国人民代表大会成立六十周年大会上的讲话》,《求知》2019年第10期。

是习近平总书记在参观古北市民中心联系点后的讲话，都是把"基层"指向人民群众，联系点无论是哪个层级（哪怕不属于通常意义的"基层"），都最终与具体的公民、法人和其他组织相联系，其本质就是在立法过程中深入基层汇集民意的点。据此，某些立法联系点在开展具体工作时甚至可以跨越辖区范围征集意见，比如针对个别法律草案，虹桥街道（全国人大常委会法工委的联系点）就曾专门赴江宁路街道（上海市人大常委会的联系点）联合征求意见。因此，基层属性主要体现为民主属性，基层立法联系点就是专门为民主立法服务的，它并不特别凸显科学立法的功能，后者是通过聘请立法专家顾问等方式实现的。有时科学立法与民主立法并不能截然区分，比如召开立法论证会、听证会体现了科学立法与民主立法的双重功能。在某种意义上讲，广泛听取群众意见本身也是科学精神的体现，因为法律制定后要获得良好的执行必须要有民意基础，没有立法过程的民主就不可能制定科学的立法。不过，这两种立法要求在外观上还是能大致区分的，比如当立法机关主要从专业角度单独听取专家意见时，主要体现为科学立法，如果邀请的是立法专家，则更侧重于依法立法，但若立法机关在基层组织的立法听证会、论证会中听取专家的意见，则依然属于倾听民意的过程。基层立法联系点的功能主要是后者，即收集民意的广泛性而不在于专业性。因此，尽管上海是我国法学研究的重镇，众多从事法律教学研究的机构构成了立法咨询专家的宝库，但它们未必需要设立为联系点。它们可与周边甚至其他区的联系点形成协作关系，为联系点做好法律服务工作，并帮助整理分析立法意见和建议，比如上海社会科学院法学研究所就被聘为田林街道基层立法联系点的顾问团成员。

2."立法属性"

具备"立法属性"意味着应恰当限定基层立法联系点的工作范围，即只做与立法相关的事务，"有所为有所不为"。由此可以推断，联系点必须契合立法辅助者身份，并能推进民主立法，这样才符合"机构设置的功能适当性原则"。当初设立基层立法联系点是与"人大主导立法"的要求联系在一起的，要实现"人大主导立法"就必须克服以往政府主导立法、部门利益捆绑立法的弊病，组建人大系统自己的立法辅助部门就是方法之一。设立基层立法联系点便是基于上述意图，即由有立法权的人大自己设置民意探测点，通过联系点了解群众的立法需求和征集立法建议，防止政府及其部门通过提案权、法规起草权不当限制公民的权利或增加自己的权力，那么在选择联系点时就尽量减少政府部门的比例，但又不能完全排除，这是因为有些由人大各委员会起草的法规需要政府部门的助力，而某些与执法检查相结合的立法后评估也需要政府部门对法规提出修改完善的建议，但应优先考虑一线执法部门作为联系点，并减少决策机关的数量。值得一提的是，与市人大常委会基层联系点的功能定位稍有不同，市政府的基层立法联系点主要服务于专业性的行政立法，即使是拟定地方性法规草案，政府的关注点在于草案的科学性与可操作性，立法民主性的缺失可以通过人大系统的工作手段加以补强，因而可适当提高行政机关在联系点中的比例。同样地，基层法院和检察院也不适合过多地介入地方立法事务。这是因为地方"两院"在国家权力体系中不属于地方国家机关。最为明显的是，我国《地方组织法》只规定了政府有地方性法规的提案权，而法院、检察院没有，这就说明司法机关对地方性事务保持超脱地位。不过，法院在司法审判时会经常适用地方性法规，检察院基于行政检察监督职权，也更为了解政府的执法状况，适当设置若干个点对立法完善亦有益处。

3."联通属性"

"联通属性"要求联系点做到联系各方、四通八达，广泛汇集社情民意，也就是说，联系点应当具有"上通下达"的沟通中介能力。一方面，它是市人大常委会设在各区各点的民意探测器、收集点，为市人大立法工作征询意见和建议；另一方面，它实际上是在做畅通民意表达"最后一公里"的工作，是落实"全过程民主"的重要手段，以弥补立法机关组成人员因间接选举而产生的代表性不足的问题。基于这样的目的，联系点就应当选择那些工作口径宽、民意信息来源多、意见分析处理能力强的单位。按此标准，一般来说企业很难完全符合，尽管有些大型企业集团分支机构多、员工数量庞大，但它们是以营利为目的的单位，目标取向较单一，而且反馈意见更多地体现法人决策机构的意图，容易造成以偏概全和信息失真，而将它们列为联系点工作范围内的固定问询单位更妥。不过，为了完成特定立法项目，选择少量行业内具有风向标意义或具备意见整合能力的企业作为联系点也未尝不可，某些经济开发区公司因含有社会管理的职能，不具备完全的企业属性，也可以设为联系点。需要注意的是，联系点本身只是民意采集而不是最终决策的单位，因此不必过分强调它的分析决策能力，而更应注重它们的沟通协调能力，某些具有立法咨询功能的民办非企业组织也不适合做联系点，立法机关更适宜将它们作为咨询对象或定向征询意见的单位，甚至可以采取购买服务的形式委托它们起草法规草案或进行立法评估。从联通属性来看，比较适合做联系点的单位类型有街镇、居委和行业协会（尤其是以个人为会员的协会）等，其中又以街镇（包括办事处和人大工委）最具优势，相比于居委，它的辖区范围大、对象类型多、经费有保障，更为重要的是，它的信息汇总能力更强。对立法机关来说，由联系点汇集的民意既不能是未经加工的原始信息，也不能是由它分析民意后的自我判断和任意裁剪，因此联系点工作人员应当具有一定的法律知识，能够给群众讲解法规草案和立法意图，并能有效区分立法建议和执法意见，善于归纳各种言论，形成主要的几条规定，便于立法部门研究分析并使之易于反馈。说到底，联系点不仅是立法机关的助手，理应做到既不能"越位"也不能"缺位"，同时又是人民群众意见表达的平台，对群众的诉求既不能"添料"也不能"减料"。在这些方面，某些规模较大、专业性强的行业协会也能做得很好，目前这类联系点在上海的所有基层立法联系点中占比较为合理。

二　市人大常委会基层立法联系点的建设、制度与成效

2016年7月，上海市人大常委会紧随全国人大常委会法工委的步伐，确立了首批10家基层立法联系点。这10家联系点的选择兼顾了地域、行业和专业，它们大致可以分为三个类型：静安区江宁路街道办事处、长宁区古北市民中心和闵行区七宝镇人大这三个点属于"社群型"联系点；上海市

律师协会参政议政委员会、上海市人大工作研究会、长宁区人民法院和黄浦区城管执法局这四个点属于"法律应用型"联系点；市绿色建筑协会、上海外高桥（集团）股份有限公司、上海市张江高科技园区管委会创业服务中心这三个点属于"专业领域型"联系点。从运行情况看，各联系点在推进科学立法、民主立法、依法立法，进一步做好联系群众、联系基层，集民意、汇民智、聚民心方面发挥了较大作用。

2019年底，上海市人大常委会启动基层立法联系点的优化完善和扩大试点工作，对联系点数量进行了扩充。市人大专门委托第三方机构对首批基层立法联系点做了一次"全面体检"，并由其提出"扩点增质"的建议。此次扩点的候选单位主要由各区人大常委会推荐，将当初"由面选点"（首批联系点由市人大各委员会推荐）的方式改为"面块兼顾"。在推荐阶段，市人大社会建设委员会（推荐首批联系点时尚未成立）、各区人大常委会根据市人大常委会的要求，分别推选了本领域、本行政区内符合条件的2~3家基层立法联系点候选单位，同时2016年设立的首批10家联系点也自动成为候选单位。在遴选过程中，市人大常委会充分听取各方意见，在第三方评估的基础上，以"基层""立法""联通"三大属性为一般考量因素，并将地域分布的均衡性、行业的代表性、自身的基层性、功能的特色性、意愿的积极性、基础的充分性和与中心工作的契合度等作为具体遴选指标，最终由法工委根据类型结构比例和地域分布情况确定调整方案。2020年4月初，市十五届人大常委会第四十六次主任会议通过了总数为25家的联系点名单，其数量扩充了1.5倍，联系点较为均衡地分布到全市所有区，增加较多的联系点单位是行业协会（联合会）和街镇（办事处或人大工委），如上海市注册会计师协会、市工业经济联合会、徐汇区田林街道办事处、虹口区四川北路街道人大工委等，比较符合基层立法联系点的功能定位和各个点的优势。值得关注的是，虽然市人大常委会基层立法联系点的扩大幅度与其后全国人大常委会法工委基层立法联系点的增加幅度（2020年8月由原先的4家增至10家）一致，但与后者相比，其存在以下特点：其一，上海市实现了16个区联系点全覆盖（首批仅覆盖6个区），有些条件较好的区设置了2~3

家联系点，但全国人大常委会法工委的联系点并没有覆盖到全国所有省级行政区；其二，上海市人大常委会的基层立法联系点在扩点的同时做到了"有进有退"，有2家首批联系点单位因阶段性立法任务的完成和立法重点的转移而退出，新增的联系点占比更高，这样做有利于联系点实现结构性优化和功能性改善；其三，上海市人大常委会基层立法联系点更加注重其在民主立法方面的作用，选点的标准更注重汇集民意的广泛性和代表性，而全国人大常委会法工委的新增联系点还兼顾了立法专业性，由此新增了中国政法大学这类新型的联系点，这恐怕和法工委是全国人大常委会专门负责立法事务的工作机构有关，它的联系点需要承担一些专业性的决策咨询工作，而上海市人大常委会的联系点需服务于人大内设所有委员会，立法中的民意汇集是其主要任务。

上海市人大常委会在设立和扩充基层立法联系点的同时，不断加强基层立法联系点的制度建设和规则完善，甚至做到了先设立制度与规则再进行实践运作，这和"重大改革于法有据"的精神内涵是高度一致的。早在首批基层立法联系点设立和运行之前，市十四届人大常委会第六十九次主任会议于2016年6月就通过了《上海市人大常委会基层立法联系点工作规则（试行）》，其步伐走在了国内基层立法联系点制度试点地区的前列，其制度完备性和理念先进性也有目共睹。该工作规则共14条，主要从设立联系点的目的、人大有关部门的管理职责、联系点的设立和产生、联系点主要工作职责及其工作要求，以及对联系点的服务保障等方面做了规范。值得重点关注的条款如下：第二条对联系点的定义予以明确，即市人大常委会根据立法工作的需要，在基层设立的协助收集和反映立法及相关工作意见建议的单位或者组织；第三条明确法工委具体负责对联系点进行日常管理、协调和服务，但市人大其他部门可以根据立法及相关工作需要使用联系点；第六条对联系点遴选和产生程序等事项做了规定，强调应以市人大常委会名义向其颁发证书；第九条着重突出联系点组织征求基层单位和群众对市人大常委会立法规划、立法计划草案、法律法规草案和决定决议草案等的意见建议的功能；第十一条对联系点组织征求意见建议的方式方法、意见建议的汇总整理以及工作台账等事项做了规定；第十三条对市人大有关部门定期寄送相关资料、邀请联系点参加相关立法调研等会议、组织业务培训、加强宣传报道、挂职蹲点协助工作和提供经费支持等内容做了规定。

2019年底，上海市人大常委会提出对基层立法联系点进行"扩点增质"并同步修改《上海市人大常委会基层立法联系点工作规则（试行）》，这既是对三年多来试点工作的经验总结，也是今后推进基层立法联系点工作的直接依据。2020年4月，市十五届人大常委会第四十六次主任会议讨论通过新的工作规则，从"组织架构""工作方式""设点条件""产生、调整和撤销规则""联系点工作职责""对设点单位的工作支持"六个维度进行了修改和补充。笔者认为，比较重要的修改内容有以下几点。一是对标题作出修改。因为经过几年的实践和探索，各方对联系点工作的认知已经比较成熟，联系点也探索形成了相对成熟的工作机制，所以删去文件标题中的"试行"二字。二是明确了联系点设立的若干条件。遴选联系点的基本条件为：法治建设基础较好；有积极参与地方立法工作的热情和主动承担联系点工作的意愿；有开展工作所需的固定场所和人员等条件保障；具有丰富的法律资源，有较强的组织和资源整合能力；具有较强的行业代表性或者区域代表性等。三是对联系点候选名单的推荐主体作出补充。为了深入推进民主立法、扩大联系点在"块"上的覆盖，规则增加各区人大作为推荐主体，这样就可以将"块"与"面"有效结合起来，延伸了联系点工作的深度。四是拓展了联系点工作职责。规则除了强调联系点应全过程参加立法及其相关活动，并将工作环节分解为立法前、立法中和立法后，还增加了法治宣传、协助各级人大外事工作以及协助区人大履行重大事项决定权等。五是优化了对基层立法联系点的服务保障工作。今后将根据法工委和办公厅联合制定的《基层立法联系点购买服务专项经费使用管理的指导意见》，为联系点开展工作提供必要的经费保障和物质支持。

在制度建设方面，除了市人大常委会所做的较为顶层的规则设计外，各基层立法联系点围绕工作主线，形成了各具特色的工作机制。多数联系点搭建了完备的组织架构，如古北市民中心搭建了"一核两委三站四平台"的组织构架，七宝镇人大设立了27个居民区信息采集点。所有联系点都在不断健全配套制度，如江宁路街道办事处和长宁区人民法院制定了基层立法联系点工作规则（细则）等。[①] 2020年6月，静安区人大常委会还专门制定了《关于基层立法信息采集点建设的指导意见（试行）》，以协助市区两级人大常委会基层立法联系点进行立法民意征询。如果说立法联系点是畅通民意表达的"最后一公里"，那么信息采集点从事的就是疏通民意的"最后一百米"工作。2020年，黄浦区人大常委会在对10家基层立法联系点全面评估基础上，制定了基层立法联系点工作规则，出台了一整套工作制度，开展了"一点一策"的业务指导，汇编了立法联系点工作实务手册。可以说，基层立法联系点的制度建设为其取得良好的工作成效奠定了坚实的基础。

2021年1月26日，在上海市第十五届人民代表大会第五次会议上，市人大常委会主任蒋卓庆在常委会工作报告中讲到："全年各联系点提出建议2770条，其中247条在国家和本市立法中采纳，充分发挥了民意'直通车'作用。在习近平总书记考察基层立法联系点一周年之际召开座谈会，制定《关于充分发挥人大在推进'全过程民主'探索实践中的作用的意见》，将'全过程民主'贯穿人大工作各方面和各环节，反映人民意志，保障人民权益。"可见，上海市人大常委会基层立法联系点的工作取得了非常好的社会效果和成果，具体情况如下。第一，各联系点对立法规划、计划草案提出意见与建议，积极组织开展相关立法前期调研。例如，黄浦区城管执法局与市人大法工委及其他联系点密切沟通，及时了解本市地方立法的基本信息以及参与立法的途径和方法，积极参加常委会五年立法规划项目的征集工作。又如，江宁路街道与华东师范大学法学院合作，根据市人大年度立法计划，结合街道人大代表组专题调研任务，选择与群众生活密切相关、社会关注度高的部分法律法规开展前期调研。第二，各联系点组织征求对法律法规草案、决定决议草案的意见建议，协助市人大各部门赴联系点开展相关立法调研。

[①] 上海市人大常委会法工委办公室：《扎实推进基层立法联系点建设》，《上海人大》2020年第2期。

比如，2020年前十个月，市人大常委会基层立法联系点共组织调研、座谈会100多次，征集意见1776条，有143条意见在地方立法中获得采纳；又如，市人大就审议修改中的促进中小企业发展条例，分五次赴多个联系点开展立法调研，当面向企业负责人"问计"，各联系点提出450多条意见建议。第三，各联系点结合工作实际和新法规的公布实施，开展相应的法治宣传教育活动。比如，在对《上海市生活垃圾管理条例（草案）》征求意见时，江宁路街道立法联系点率先宣传、启动、建立垃圾分类示范街镇。居民通过立法意见征询逐渐了解、认同垃圾分类做法，率先实现了垃圾分类全普及。第四，联系点根据全国人大常委会外事部门和市人大常委会办公厅要求，协助做好有关外事活动。2019年下半年，本市联系点先后接待了2批外国议会议长（坦桑尼亚国民议会议长恩杜加伊、埃及议长阿里），属于外国元首级接待，1批外国议会成员（哥伦比亚国会哥中议员），取得了非常好的政治效果。

三 市人大常委会基层立法联系点制度的发展方向和思路

当前，我们应当聚焦民主立法，提高立法质量，推进基层立法联系点制度不断成长。基层立法联系点制度契合我国治理实践，具有广阔发展空间，其进一步发展也一定要和提升治理水平、和精细立法提高立法质量相结合，将具有实效性的有无和大小作为制度发展的重要评判标准和参考指标。为此，需要不断对立法联系点所涉各方的工作、立法与治理的效果进行评估衡量，参照工作实效不断回头反观和反思制度设立、设计、运行和操作方面的得失成败，以谋求进一步改进和完善，争取实现良性发展。我们认为，以下内容可以作为基层立法联系点制度发展的工作要点。

第一，进一步突出基层立法联系点的民主立法功能。虽然党的十九大报告将科学立法、民主立法和依法立法置于同一高度，《立法法》也将三者并列为衡量立法质量的法定标准，但是基层立法联系点制度主要针对民主立法的问题。建立基层立法联系点，就是要利用其扎根基层接地气、察民情、聚民智的优势，广泛听取基层的意见和建议，让立法这种具有重大决策性质的活动凝聚最大的共识，体现人民的意志，使社会主义民主政治优势得以发挥，为立法后的规范有效实施奠定社会基础。就此而言，应当将科学立法与依法立法的目标主要交由其他制度实现，如专家咨询制度和备案审查制度等，而基层立法联系点的选择与运行则应以民主功能为目标，发挥其密切联系基层群众的作用。在听取意见和立法协商的过程中，应主要针对立法的实质内容与合理性问题，不过多涉及合法性评论，将立法是否科学与合法的问题交给立法部门和专家研究，基层立法联系点应专注于讲好中国的民主故事，从而在功能上区别于其他专业性的联系对象。

第二，基层立法联系点不应承担民主立法的全部或主要任务。基层立法联系点是"全过程民主"的重要体现，但它不是民主立法的唯一形式。中国的人民代表大会制度属于代议制民主，人大代表和常委会组成人员是人大立法的主体，尊重他们的意见是民主立法的核心要义，而基层立法联系点制度是直接民主和协商民主的形式，具有辅助性、补充性的特点。协商民主着眼于任何重大决策都必须经过反复讨论、磋商和沟通，形成共识后再通过代议机关表决通过，但表决不单是对协商过程和结果的认可，还体现为代表、委员对各种民意的倾听和筛选，他们的决定才具有法定的最高性。尽管两者相辅相成，但宪制上有主次之别，既不能把协商民主视作更高的民主形式，也不能忽视立法协商对实质民主的贡献。因此，立法中的"全过程民主"并非由基层立法联系点这一项制度就可实现。"全过程民主"反映的是直接民主与间接民主结合、选举民主和协商民主配合的理念。只有两种"民主"分工合作、表里统一、合理衔接，才能展示立法民主的"全过程"脉络。除此之外，立法工作中的协商形式也很多，通过联系点的基层协商只是其中一部分，重要立法还需要经过更高层次的政协协商、政党协商，以及与人民团体的协商。

第三，基层立法联系点应当将工作内容聚焦于立法事项。基层立法联系点的设立是基于"民主立法"的目的，在实际运行中，它的"集民意、汇民智、聚民心"作用不仅满足了立法工作的需求，而且契合了人大其他职能的需要。因此，一些部门建议把立法联系点扩展为"民意联系点"，由其承担法治宣传教育和配合人大监督等职能。其实这种想法偏离了联系点的"立法属性"要求。联系点的工作反映了立法中的"全过程民主"，但我们不能要求它服务于"全领域民主"。一是联系点制度仍然处于试验阶段，其对立法工作的辅助事项尚未完全理清，不应该大幅增加其他非立法辅助任务；二是联系点所在单位都有本职工作，过度赋予其任务，会影响它自身的发展和既有工作的完成；三是人大的其他权能具有不同于立法权的特点，以监督权为例，除提供监督信息外，联系点不适合全程跟进人大的监督活动，因为行使该权对法律专业性和主体特定性的要求很高。可行的办法是，鼓励联系点在辅助立法、汇集民意的过程中，附带性地承担法治教育和协助监督的功能，比如为人大的执法检查活动提供帮助，因为这项活动也带有立法后评估的性质。

第四，应加强基层立法联系点与已有民意汇集渠道的整合与配合。在党中央和各级领导的重视下，基层立法联系点被赋予了极高的政治意义，联系点的工作受到前所未有的重视，似乎立法中的民意收集事务将主要由联系点来承担。这种观念必须加以纠正。在多年的立法实践中，市人大已经形成了较为多元的民意征询制度，它们之间是互相配合、取长补短的关系。比如，市人大已经建立了法规草案公开征求意见机制，并通过举行立法听证会与论证会、邀请市民旁听常委会会议、代表带着法规草案下基层等方式汇集民意。这些机制已经相对成熟，不能轻易舍弃，基层立法联系点制度是对它们的有益补充，这是基于其基层性、固定性和直通性的特点，而这些特点其他民意征集机制并不完全具备。例如，有些街镇在成为联系点之前，也有受委托收集辖区内立法建议的职能，但此任务并非其常规职能，其收集的意见一般也不会直达立法机关，逐级汇总整理后可能会信息失真。但其成为联系点后，基层意见能够以高度组织化的方式获取并直送立法机关，立法机关也可以通过现场听意见的方式直观了解多方观点及其强度，这种优势是无与伦比的，远比被动和分散地获得意见科学有效。此外，各种民意征集制度可以被整合，比如区人大受市人大常委会委托征集立法意见时，区人大可以主要依靠基层立法联系点来完成委托事项，但必须支持与协助联系点适当扩大民意征集的范围。

第五，基层立法联系点的功能发挥要依赖自身的资源禀赋。由于联系点的工作并非所在单位的法定职责，过度施加工作责任和压力反而不利于工作开展，市人大和区人大应当因势利导，利用联系点自身的优势和资源，促使其更好地为立法工作服务。这里的优势主要不是指它所能调配的人财物等物质条件较充足，而是指其自身的组织特征和工作事项与联系点的事务高度匹配。这样，联系点的履职活动就会更有自觉性，辅助立法的功效也能更好地实现。比如，虹桥街道古北市民中心这个点之所以表现优异，就是因为它的国际化特征和治理需求与基层立法联系点的工作特点完全吻合。长期以来，它的民主治理模式已经自成体系，足以支撑它持续运行，联系点的工作并不构成其额外负担，居民们已经在实践中掌握了通过协商进行决策的能力，主事机构也形成了整合协调不同意见的能力，征询立法意见只是其日常议事活动的一部分，也与社区自治工作交融在一起，由此它们从中获得了声誉和成就感，联系点工作也就自然步入正轨。上海的基层民主治理水平领全国之先，基层立法联系点的遴选与运作完全可以利用这项优势，使之发挥最大功效。

第六，基层立法联系点工作需要进一步制度化。立法联系点事业的稳健发展需要规范化、程序化和制度化保障。我们需要总结经验，把各环节各主体的行为模式规范化和程序化，从而有利于提供理性协商的氛围，更好地求同存异，接近或达成共识，包容兼顾差异性和多样性。当然，制度不可能立即完善和成熟，现实的路径是促使其逐步提高和完善。在初始阶段，非正式规范、各方的共识性行为习惯可能比较重要。各主体内部应该设计较为明确的工作流程和操作规则。这些内部规范随着经验丰富程度提高而逐步连点成线、连线成面，直至最后上升为具有系统性的法律规范。我们应遵循实事求是和循序渐进的原则。考虑到该制度还是个新生事物，虽有强大生命力但经验欠丰富，而且该制度也牵涉到多方面因素，需要各种资源进一步配套和支撑，因此必须遵循量力而行、步步推进的原则。对于本市而言，联系点设置和相关工作推进可考虑以下步骤。第一步：①实现地域上在区级层次的全覆盖，兼顾行业的代表性；②联系点工作人员兼职从事该项工作；③联系点的参与重在立法起草，协商选题基本上由立法机关设定和选择。第二步：在地域全覆盖基础上，努力实现行业全覆盖，协商的范围可扩大到立法前评估和后评估。第三步：从远景考虑，①实现联系点工作人员专兼职结合，可要求有一定比例的专职从事该项工作的人员；②协商范围可提高到立法规划和计划的制定，基层群众甚至可主动提出立法项目作为选项，在工作范围扩大的同时，制度化水平也应随之逐级上升。

评 估 篇
Evaluation Report

B.8
嘉定司法局"律管家"项目第三方评估报告

嘉定司法局"律管家"项目第三方评估课题组*

摘　要： 公共法律服务能够满足基层群众的法律服务需求，提升基层法治化水平，对形成共建、共治、共享的社会治理格局具有积极的意义。嘉定区司法局针对公共法律服务建设推出了"律管家"项目，以提升村居公共法律服务质效。为评估和优化"律管家"项目，采取问卷调查和工作测评等研究方法评估其在村居运行的状态，以科学、全面的指标体系，了解项目的服务覆盖范围、服务质量和服务资质等内容，同时吸收被调查者对项目的意见和建议，力图推进嘉定"律管家"项目的不断跃迁和创新发展。

关键词： 嘉定　公共法律服务　基层法治　村居律师顾问

---

* 课题组组长：杨力，上海交通大学凯原法学院教授。课题组成员：于依白，上海政法学院硕士生；鲍坤，上海交通大学博士生；彭辉，上海社会科学院法学研究所研究员。

一 项目背景

中共中央在"五五"普法规划时期组织开展的法治宣传教育主题活动中就包含"法律进村居"的内容;"六五"普法规划时,为提高村居自治和服务能力,提出"法律进乡村、进社区"主题活动;"七五"普法规划时,提出推进多层次多领域依法治理,进一步探索村居法律顾问制度。至此,村居法律顾问制度被正式提上了日程。

2018年,嘉定区司法局根据市局发布的《本市公共法律服务工作站(室)建设方案》和《关于推进本市居村法律顾问工作的意见》,在全区范围内实现了村居法律顾问全覆盖,基本建成"三位一体"的公共法律服务体系,即"1+12+333"模式的公共法律服务实体平台矩阵,辖区12个街镇、333个村居全部聘用村居法律顾问,基本实现了全区范围内公共法律服务实体平台、村居法律顾问体系的全覆盖。2019年,提升居民群众对嘉定区"1+12+333"公共法律服务平台以及嘉定"律管家"项目的知晓率。群众只要有需求,无论何时何地都可以及时获得法律服务,由此,全区12个街镇公共法律服务窗口累计法律咨询2330件,成功法律援助并调处矛盾纠纷1820件。同时,2019年度"律管家"项目对当时现有公共法律服务进行系统化的考核管理,进而完善体系运作机制,最大限度地发挥公共法律服务应有的作用。

2020年嘉定"律管家"项目采用问卷调查的方法了解项目运行现状,从而有针对性地提出项目的痛点和难点,以便进一步探寻完善和优化的发力点。更深层次的目标是提高公共法律服务体系建设水平,"律管家"作为嘉定区基层法治发展的一个缩影,体现了公共法律服务体系建设过程中遇到的共性难点和问题。所以,本次项目更是要通过调查研究完善公共法律服务体系建设的理论和方法,力图构建可复制可推广的方案和经验。

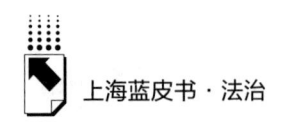

二 评估的思路

本次项目的主要内容是评估嘉定"律管家"的运行情况，最广泛、最科学地了解各方面受众对嘉定"律管家"的看法和评价，从而得出扎实的评价结果。本次项目采用了问卷调查研究方法，调查的对象覆盖了12个街镇的群众，包括村/居民、律师、司法行政系统工作人员等共计1914人。

问卷设计的前提是构建科学的指标评价体系，这有助于问题的分析和评价，更有助于多元、全方位地反映调查结果。而后针对问卷结果进行充分的分析，从时间、群体、地域等各个纬度进行研究，最后得出项目的评价结果，形成规律性的总结和可复制的方案倒逼公共法律服务体系不断优化。

三 指标体系

（一）指标体系构建

科学的指标评价体系应该结合研究目标的要求和研究对象所具有的特征，把客观上存在联系、说明现状的若干个指标科学地加以分类、设定权重，组合形成一个指标体系。

指标体系的建设共分为三个步骤：第一步，对业务专家组进行访谈调查，确定评价指标的基本内容。专家组作为对基层法治状况比较了解的一部分主体，其意见作为评价指标体系建设的第一环，既是高效的，也是与实际相结合的一种方式。第二步，定向检索中央有关基层公共法律服务建设要求的重要法律、政策以及地方规范性文件。法律法规以及相关文件指引了基层法治的发展方向，更是基层法治发展的试金石。例如中共中央办公厅、国务院办公厅《关于加快推进公共法律服务体系建设的意见》，司法部《公共法律服务事项清单》和《关于进一步加强和规范村（居）法律顾问工作的意见》等以及有关公共法律服务研究的核心期刊论文。借鉴相关的法律法规文件以及期刊等进一步丰富指标框架中的具体内容。第三步，结合上海市嘉定区的公共法律服务实际情况对指标进一步作出调整。

（二）指标体系构成

为全面反映嘉定"律管家"项目的情况，本项目以科学性、层次性和动态性为原则，构建评价指标体系。确定3个一级指标、14个二级指标，具体内容如表1所示。

表1 评价指标体系

一级指标	二级指标	一级指标	二级指标
服务影响力A1	法律服务知名度B1	服务质量A3	出具法律专业意见B6
	法律服务覆盖度B2		调解、化解纠纷B7
服务资质A2	总体直观评价B3		举办法律讲座B8
	法律专业素质B4		法律咨询服务B9
	服务精神面貌B5		定期走访调查B10
			各类案件解决B11
			维护社会安全稳定B12
			服务标准化流程化B13
			服务管理制度落实情况B14

以村居律师制度运行状态归纳出的三个一级指标，分别是"服务影响力A1""服务资质A2""服务质量A3"。服务影响力A1是体现村居律师制度覆盖范围的指标。服务资质A2是体现村居律师水平的指标，法律服务水平的决定性因素在于律师的能力和水平。服务质量A3作为对已发生的法律服务的评价，反映了村居律师服务的社会满意度，也体现出村居律师制度的不足和有待发展之处。

二级指标由反映一级指标的因素构成，是一级指标的再细化，在这一层级共有14个二级指标。

"服务影响力A1"下设2个二级指标，分别为"法律服务知名度B1"

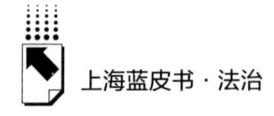

和"法律服务覆盖度B2"。主要用来判断"律管家"公共法律服务是否被知晓以及是否直接影响村居公众日常生活。

"服务资质A2"下设3个二级指标，通过"总体直观评价B3""法律专业素质B4""服务精神面貌B5"来体现。主要用来判断"律管家"公共法律服务是否具备直观的专业素养和良好的服务印象。根据调研访谈资料，为保障法律顾问队伍的服务资质，司法局及其下设部门以法律顾问选聘为一般模式，即先建立法律顾问资源库，再选任具有律师执业证或基层法律服务工作者执业证，执业三年以上且年检合格，拥有丰富的实践经验、良好的服务意识以及处理基层组织和居民群众非诉讼事务能力的律师，且所属律师事务所或者法律服务所的地点应当为村居所在地。司法行政部门还会定期筛查法律顾问的遵纪守法情况。最终进入村居法律顾问资源库的律师、基层法律服务工作者与村居还会通过双向选择最终确定村居法律顾问人选名单。

"服务质量A3"下设9个二级指标，通过"出具法律专业意见B6""调解、化解纠纷B7""举办法律讲座B8""法律咨询服务B9""定期走访调查B10""各类案件解决B11""维护社会安全稳定B12""服务标准化流程化B13""服务管理制度落实情况B14"来体现。其中"各类案件解决B11"指标得分计算较为特殊，通过婚姻、继承、医患、劳动纠纷、物业管理拆迁纠纷等细粒度得分来计算均值，使评价指标能够尽可能吸纳不同案件中调查对象的满意度评价。

四 项目评估方法

（一）数据收集方法

支撑本次项目研究的数据通过问卷调查的方式来获取。截至2020年11月，项目组共收集问卷1914份。调查对象的范围分布在男女、各个年龄段以及初中至硕士各个学历范围，如表2所示。

表2 调查对象基本信息

单位：人，%

类型	基本指标	数量	占比	类型	基本指标	数量	占比
性别	男	1126	58.83	年龄	20岁及以下	3	0.16
	女	788	41.17		21~30岁	347	18.13
学历	初中及以下	157	8.20		31~40岁	815	42.58
	高中、中职与技校	285	14.89		41~50岁	447	23.35
	大专	427	22.31		51~60岁	220	11.49
	本科	1011	52.82		60岁以上	82	4.28
	硕士	34	1.78				

课题组主要采用民意调查和工作测评两种方法收集相关数据来对嘉定"律管家"项目作出评估。

1. 民意调查

一方面，项目组向民众发放问卷。广大市民是法律公共产品的消费者。村居律师制度的最终服务对象是市民群众，市民群众作为社会基层法治的观察者、体验者，其感受和意见是村居法律顾问制度发展的根本。另一方面，项目组还向法律服务从业人员和政府机关工作人员发放问卷。这一部分群体属于法律产品的提供者。这部分人对于法治的状况、内在的规律和潜在的问题有着相对理性的认知和体验。具体情况如图1所示。另外，为了保证调查问卷的覆盖范围，在问卷发放过程中尽可能均衡分布在嘉定区内的12个街镇中，每个街镇下的基层法律服务工作站至少填写90份问卷，该数据将有助于分别评价各街镇的公共法律服务工作质量。

2. 工作测评

围绕项目的内容，收集项目中与之对应的反映村居法律顾问情况的数据信息，形成对嘉定"律管家"项目的客观评价数据。一方面，收集历年嘉定区司法局与"律管家"项目有关职能部门的数据，了解服务的供给方对项目的看法和意见；另一方面，收集嘉定"律管家"项目的历年数据进行分析比对，得出项目的运行状态和发展方向，再根据历次座

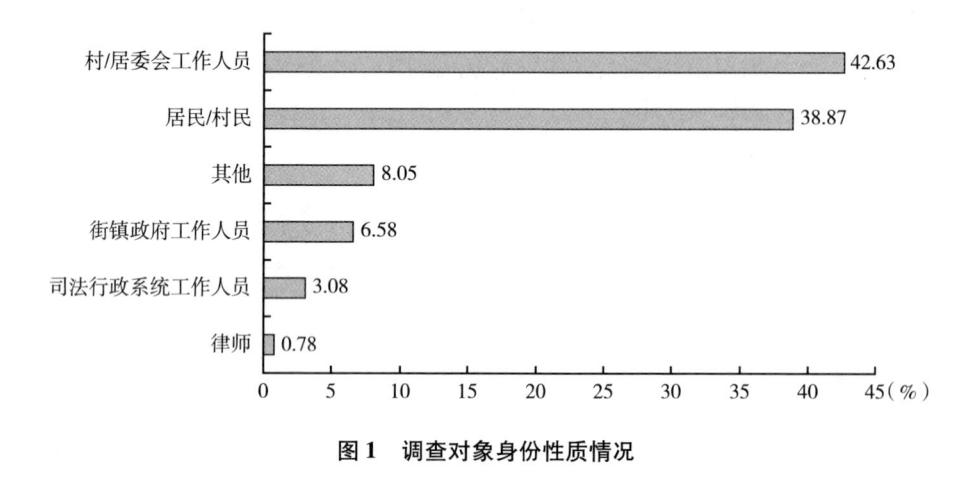

村/居委会工作人员　42.63
居民/村民　38.87
其他　8.05
街镇政府工作人员　6.58
司法行政系统工作人员　3.08
律师　0.78

图 1　调查对象身份性质情况

谈会和访谈会收集的信息进行分析总结，从而形成全方位、多角度的评估和测评结果。

（二）指标评分原理

一级指标得分计算：项下的二级指标得分相加之和。

一级指标经过多个二级指标的细化，得到量化的、可视的一级指标评价结果，故一级指标的计算就以最直接的二级指标得分相加的方式来体现。其中，各二级指标皆有满分和实际所得分数，一级指标的满分为二级指标满分相加，实际得分亦为各二级指标得分相加，最终得分比可以呈现一级指标的水平评价。

二级指标得分计算：相应题目总分÷调查对象数量。

相应题目总分为每个调查对象所选项目得分之总和。关于得分的计算（1~5分），每个二级指标都对应一个问卷问题，按照调查对象对指标内容所涉业务的满意度评分，原则上每一题最低分为1分，最高分为5分。项目组为调查对象保留了"不清楚"的回避项，若选择了该项则本题得分不计入均分计算。

五 项目评估结果

(一) 总体评估结果

1. "律管家"的服务影响力较大，服务资质评价结果佳，服务质量良好

根据上海市嘉定区范围内的1914份问卷调查情况，得到如表3所示的嘉定区"律管家"公共法律服务项目的整体评分。其中A1服务影响力得分共计2.57分（满分为3分，得分率为85.6%），A2服务资质得分为14.35分（满分为15分，得分率为95.6%），A3服务质量得分共计42.87分（满分为45分，得分率为95.3%）。由此可见，三项一级指标的得分率都在85%以上，说明"律管家"项目发展状况良好，取得阶段性胜利。

表3 嘉定区总体得分情况

单位：分

一级指标	一级指标得分	二级指标	二级指标得分
服务影响力 A1	2.57（满分为3分，得分率为85.6%）	法律服务知名度 B1	1.87
		法律服务覆盖度 B2	0.70
服务资质 A2	14.35（满分为15分，得分率为95.6%）	总体直观评价 B3	4.78
		法律专业素质 B4	4.78
		服务精神面貌 B5	4.79
服务质量 A3	42.87（满分为45分，得分率为95.3%）	出具法律专业意见 B6	4.78
		调解、化解纠纷 B7	4.78
		举办法律讲座 B8	4.74
		法律咨询服务 B9	4.77
		定期走访调查 B10	4.76
		各类案件解决 B11	4.69
		维护社会安全稳定 B12	4.79
		服务标准化流程化 B13	4.79
		服务管理制度落实情况 B14	4.77

2. 各街镇表现存在一定程度的差异，但整体表现良好

如表4所示，各街镇的得分还是存在一定程度的差异，最高分与最

低分相差5.11分，其中我们看到两者在各个一级指标上均存在一定程度的差异。这个数据让我们不得不思考一个问题，公共法律服务体系的构建如何实现均等化，在一个区内仍有一定程度的差异，如何在全国范围内实现均等化，这也将在后文进一步探讨。

表4　嘉定区各街道得分排名

单位：分

街道	排名	服务影响力 A1	服务资质 A2	服务质量 A3	总得分
华亭镇	1	2.93	14.94	44.62	62.49
嘉定工业区	2	2.72	14.89	44.46	62.07
徐行镇	3	2.65	14.52	43.32	60.49
安亭镇	4	2.65	14.43	43.13	60.21
南翔镇	5	2.61	14.37	43.06	60.04
嘉定镇街道	6	2.42	14.24	43.09	59.75
江桥镇	7	2.81	14.30	42.48	59.59
真新街道	8	2.47	14.45	42.52	59.44
外冈镇	9	2.60	14.26	42.56	59.42
新成路街道	10	2.45	14.25	42.69	59.39
菊园新区管委会	11	2.44	14.19	42.39	59.02
马陆镇	12	2.35	13.80	41.23	57.38

（二）服务影响力评估结果

1．"律管家"的服务影响力较高，已经广泛覆盖嘉定区

由表5可知，嘉定区"律管家"公共法律服务已经有一定的信息覆盖面，89.66%的调查对象都知悉法律服务的存在。同时，70.17%的调查对象都直接或间接参与、接受过"律管家"公共法律服务。

表5　嘉定区总体服务影响力情况

单位：人，%

问题	选项	小计	比例
是否知悉律管家法律顾问服务（B1）	知道	1716	89.66
	部分知道	149	7.78
	完全不知道	49	2.56
是否曾接受/参与法律顾问服务（B2）	是	1343	70.17
	否	571	29.83

2."律管家"的覆盖度相比上一年度进一步提升

相比于2019年《律管家结项报告》中所提到的，知晓公共法律服务的比例为84.79%，本次调查结果显示知晓"律管家"法律顾问服务的比例为89.66%，说明"律管家"在运行过程中覆盖面有所扩大。由此体现出"律管家"制度正在合理地运行铺开。村居法律服务体系已经初步形成，其作用也初步彰显出来。一方面，"律管家"的建设有助于依法律之途，保诉求利益之权。基层村居治理需要注入法治化动能，依法协调基层村居矛盾纠纷，以法治精神与文化疏导群众情绪，破解基层村居治理的法治难题。另一方面，"律管家"的发展有利于倡规则之道，促村居良性互动。村居法治化建设是旧规则不断消逝、新规则不断出现的制度变迁过程，为适应村居法治化建设的深入，需要加强村居规则的创新与完善，建立和健全村居治理规范体系，要在村居法治体系之上创新村居治理法治思维，营造良好的法治氛围。

（三）服务资质评估结果

1."律管家"的服务资质的评价普遍较高

如表6所示，调查对象对嘉定区"律管家"服务资质的评价普遍较高，其中"总体直观评价B3""法律专业素质B4""服务精神面貌B5"中选取最高得分项"很满意"的比例都接近80%，说明嘉定区基层法律服务建设已取得一定成效，但是仍然存在进一步完善的空间。

表6 嘉定区总体服务资质情况

单位：人，%

问题	选项	小计	比例	问题	选项	小计	比例
律管家公共法律服务的总体直观评价（B3）	很满意	1513	79.05	律管家法律服务单位的法律专业素质评价（B4）	不满意	0	0.00
	满意	286	14.94		很不满意	2	0.10
	一般	59	3.08		不清楚	61	3.19
	不满意	1	0.05	律管家法律服务的精神面貌评价（B5）	很满意	1518	79.31
	很不满意	0	0.00		满意	290	15.15
	不清楚	55	2.87		一般	47	2.46
律管家法律服务单位的法律专业素质评价（B4）	很满意	1503	78.53		不满意	1	0.05
	满意	297	15.52		很不满意	0	0.00
	一般	51	2.66		不清楚	58	3.03

2. 不同群体对法律专业素质的评估结果存在差异，其中律师对法律专业素质的评估高于服务受众

如表7所示，对B4评分最高的是律师（4.93分），而最低的是村民/居民（4.73分，不包括"其他"群体），中间的分差是0.2分。这意味着，从专业素质的角度，律师作为服务的提供者与受众村民/居民的意见分歧是相对较大的，探究其背后的逻辑少不了服务提供者自夸的因素，所以在项目运行和考评的过程中，运动员不能充当裁判员。再看其他三个主体，司法行政系统工作人员、村/居委会工作人员、街镇政府工作人员，整体的评价高于居民/村民，但低于律师，此三方作为服务的购买方，对产品的满意度较高，一定程度上反映了官方对"律管家"项目所提供的法律服务的认可。我们认为针对服务的提供者，其服务资质是非常重要的。一方面，服务的提供者经验丰富有助于实现高质量的沟通。村居法律顾问的组成主要是执业律师、基层法律服务工作者，这些人员具有较强的法律专业素养，同时还应具有较强的群众工作能力，可充分发挥优势条件，协助基层村居法治化治理。另一方面，"律管家"项目对服务提供者进行动态监测实现有形化管理。通过建立各项制度，掌握落实情况和村居法治信息。为落实村居法律顾问制度，

实现村居自治的目标,应当强调群众对法律服务工作的监督作用,从而极大地调动群众参与村居自治的积极性,同时也能有效地监督村居法治提供者的工作。

表7 以职业为自变量对法律专业素质B4的评估比较

X\Y	很满意 人数(人)	很满意 比例(%)	满意 人数(人)	满意 比例(%)	一般 人数(人)	一般 比例(%)	不满意 人数(人)	不满意 比例(%)	很不满意 人数(人)	很不满意 比例(%)	不清楚 人数(人)	不清楚 比例(%)	小计(人)	平均分(分)
司法行政系统工作人员	49	83.05	6	10.17	1	1.69	0	0.00	0	0.00	3	5.08	59	4.86
村/居委会工作人员	691	84.68	91	11.15	16	1.96	0	0.00	1	0.12	17	2.08	816	4.84
街镇政府工作人员	103	81.75	17	13.49	3	2.38	0	0.00	0	0.00	3	2.38	126	4.81
律师	14	93.33	1	6.67	0	0.00	0	0.00	0	0.00	0	0.00	15	4.93
居民/村民	545	73.25	147	19.76	21	2.82	0	0.00	1	0.13	30	4.03	744	4.73
其他	101	65.58	35	22.73	10	6.49	0	0.00	0	0.00	8	5.19	154	4.62

(四)服务质量的评估结果

1. "律管家"的服务质量评价中最高选项是维护社会安全稳定

如表8所示,调查对象对嘉定区"律管家"服务质量的评价亦普遍较高,其中B6、B7、B9、B10、B11、B13、B14最高得分项"很满意"的选取率都处在77%~80%。另外,维护社会安全稳定满意度是最高得分项选取率最高的,达到了80.15%,突出说明调查对象认为公共法律服务对维护村居安全稳定具有重要的作用。而举办法律宣传讲座满意度最高得分项选取率为75.65%,相对其他二级指标最低,说明法律宣传讲座的工作质量需要提升。

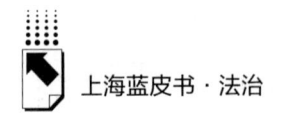

表8 嘉定区总体服务质量情况

单位：人，%

问题	选项	小计	比例	问题	选项	小计	比例
对律管家出具的法律专业意见满意度(B6)	很满意	1497	78.21	各类案件解决满意度(B11)	很满意	1489	77.80
调解、化解纠纷满意度(B7)	很满意	1500	78.37	维护社会安全稳定满意度(B12)	很满意	1534	80.15
举办法律宣传讲座满意度(B8)	很满意	1448	75.65	法律服务标准化流程化满意度(B13)	很满意	1526	79.73
提供法律咨询服务满意度(B9)	很满意	1482	77.43	法律服务管理制度落实满意度(B14)	很满意	1476	77.12
定期走访调查满意度(B10)	很满意	1475	77.06				

2. 针对服务标准化流程化B13的评价中，年龄越小则评价越高

如图2所示，年龄越大对服务标准化流程化B13的评价越低。60岁以上人群对服务精神面貌作出非常满意评价的比例为69.51%，20岁及以下人群对服务标准化流程化B13作出非常满意评价的比例为100%，此部分样本数量为3人，所以再借鉴21~30岁人群的数据，其作出非常满意评价的比例为83%。

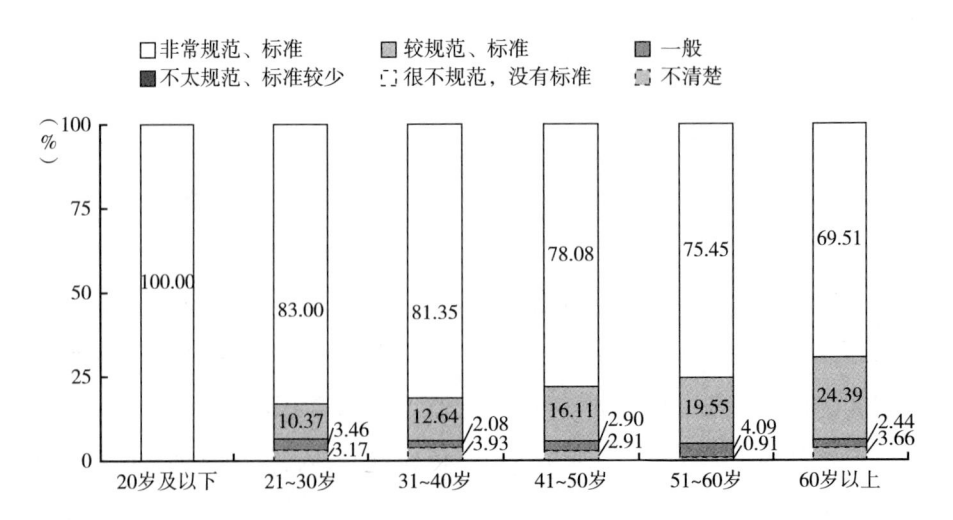

图2 以年龄为自变量对服务标准化流程化B13进行评估

另外如表9所示,"各类案件解决B11"指标的分数由各分类案件整合后的均值得出,因此不同案件呈现的评价结果也不尽相同。考察不同案件之间的评价区别,对发现公共法律服务中的痛点难点案件有重要意义。由表9可看出,物业管理、拆迁纠纷、民间借贷的最高得分项选取率低于70%,说明上述类型的纠纷是法律顾问在未来的公共法律服务过程中需要重视并解决的业务难点。

表9 嘉定区总体各类案件解决情况

单位：%，分

案件事由	很满意	满意	一般	不满意	很不满意	不清楚	平均分
婚姻	72.47	20.27	3.13	0	0.05	4.08	4.72
继承	72.05	20.38	3.55	0	0.05	3.97	4.71
医患	71.06	19.12	4.6	0	0.05	5.17	4.70
劳动纠纷	72.15	19.59	3.66	0	0.1	4.49	4.71
物业管理	69.85	20.79	5.02	0.31	0.21	3.81	4.66
拆迁纠纷	69.80	19.59	4.81	0	0.16	5.64	4.68
宅基地纠纷	70.32	19.28	4.65	0.05	0.05	5.64	4.69
民间借贷	69.75	19.85	4.75	0.16	0.05	5.43	4.68
侵权纠纷	70.53	19.64	4.44	0.05	0.1	5.22	4.69
村民土地征用补偿安置	70.01	19.02	4.96	0.05	0.1	5.85	4.69
小计	70.8	19.75	4.36	0.06	0.09	4.93	4.69

3. 2020年"律管家"的总体服务质量相比2019年大幅提升

相比于2019年《律管家结项报告》中所提到的,对"律管家"法律顾问服务的工作专业能力作出非常满意评价的比例为49.25%,本次调查结果显示对"律管家"法律顾问服务的工作专业能力作出非常满意评价的比例达到78.53%（参考指标B4）,说明"律管家"在运行过程中其服务质量得到了认可。一方面,服务质量的提升能促进村居矛盾得到有效解决。针对村居基层治理中的痛点、难点,村居法律顾问积极参与调解各方矛盾。在化解矛盾时,村居法律顾问从法律专业角度出发,运用专业知识,提出相应的解决方案。在此基础上,村居法治专员还引导村居群众之间相互理解与体谅。

另一方面，服务质量的提升意味着基层法治生活中借助基层的法治力量可以让法律法规得到有效遵守。村居法治应当做到有法可依、有规可循。大多数村居矛盾、治理难点等的产生可能缘于无法可依或者对现有规定的争议。对于有争议的规定，村居法律顾问主动上门为相关居民解读法律法规，做好政策宣传和讲解，努力实现一人一事的疏导化解工作，进一步促进个案"软法化"的实现。

（五）综合意见分析

本次问卷调查除了评价部分，还为调查对象设计了开放性的意见评论区。

在优势与成效部分，数据显示"律管家"公共法律服务在"整合法律服务资源""助力基层治理""落实法律服务职责"方面具有较为突出的成绩。但是在"法律服务信息化""强化党建引领"方面的成效有待进一步提升（见图3）。

项目	百分比（%）
整合法律服务资源	79.41
助力基层治理	56.48
落实法律服务职责	43.31
推进普法宣传	32.55
个案妥善处理	23.09
强化党建引领	11.55
法律服务信息化	10.76

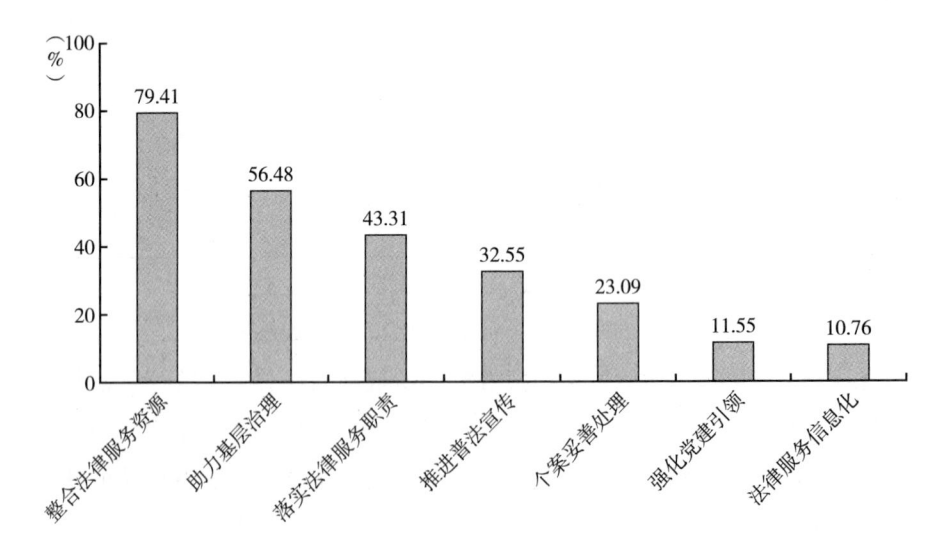

图3 "律管家"公共法律服务优势与成效调查情况

在短板与不足部分，"律管家"公共法律服务的短板项为"服务时间、方式缺乏"，其次是"服务的经费支持不足""资质基础/能力不足""村民

/居民的认可度和参与度不高"（见图4）。以上信息显示了公共法律服务的发展方向。

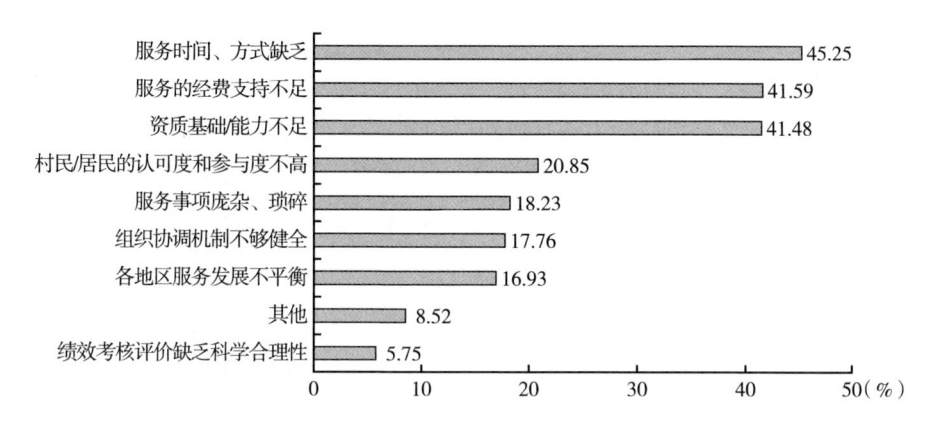

项目	百分比
服务时间、方式缺乏	45.25
服务的经费支持不足	41.59
资质基础能力不足	41.48
村民/居民的认可度和参与度不高	20.85
服务事项庞杂、琐碎	18.23
组织协调机制不够健全	17.76
各地区服务发展不平衡	16.93
其他	8.52
绩效考核评价缺乏科学合理性	5.75

图4　"律管家"公共法律服务短板与不足调查情况

在受访者对"律管家"公共法律服务的建议意见部分，筛除"无意见"以及一些无意义的介词、副词、口语后，对剩余的688条意见进行词频分析并生成词云。在自由意见词云中最显眼的词语是"宣传""服务""满意"，意味着调查对象对"律管家"公共法律服务项目的宣传工作、服务内容以及满意度的关注度是最高的。另外，"多样化""深入基层""经费"等关键词也反映出调查对象就公共法律服务改进所提出的意见（见图5）。

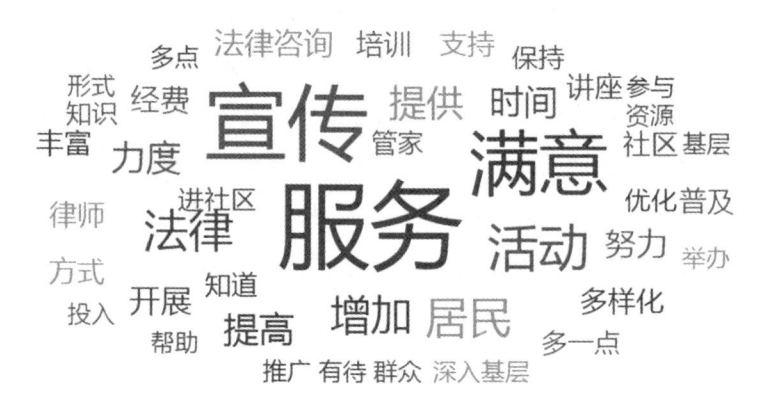

图5　受访者对于"律管家"公共法律服务的重点期待细分领域

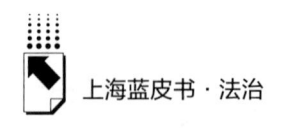

六 进一步优化公共法律服务体系建设的建议

公共法律服务是源于一国政府对其公民在法律义务上和政治道义上的不可放弃、不可转移的责任担当基础和政治伦理要求，基于政府公共服务职能，由政府统筹提供的、具有体现基本公共资源配置均等化属性和社会公益担当责任，旨在保障公民基本权利，维护公民合法权益，实现社会公平正义所必需的一般性的基本法律服务。[1] 因此，公共法律服务应该力图实现公共性、公益性、均等化、基本性、常态化、保障性等。考虑到村居法律顾问制度在实践运作中面临法律服务资源配置仍旧不均衡、法律服务市场化与公益性存在紧张关系、政府主导的供给导向型均等化实践难以有效回应区域的差异化诉求等一系列问题。[2] 根据本项目的评估结果，就公共法律服务体系建设的不足提出以下建议。

（一）法律服务资源的分配仍需进一步合理化

法律服务资源的分配应该实现实质上的而非形式上的平等。我们在一系列调查结果中看到，不同街道的水平是存在一定差距的，其中无法否认其工作人员积极性较低可能导致当地"律管家"项目建设较差，但这一定不是决定性因素。我们应该意识到"制度保障缺失、人才保障不足、资源配备不均、经费保障不够"等制约因素会产生很大影响。所以，政府在公共法律服务体系建设的过程中，作为资源的分配者不能忽视这一点，应向基础较薄弱的街道提供一定帮助，另外先进的法治建设者应该分享其建设经验和方案，实现结对子或者点对点的帮助和扶持，所有基层法治建设者的终极目标一定是全社会的法治素养提升以及社会生活的法治化。

---

[1] 刘炳君：《当代中国公共法律服务体系建设论纲》，《法学论坛》2016年第1期。
[2] 张紧跟、胡特妮：《论基本公共服务均等化中的"村（居）法律顾问"制度——以广东为例》，《学术研究》2019年第10期。

（二）硬件指标的提高是项目质效的关键

从一系列调查结果中我们可以看到，在公共法律服务体系的建设过程中，人力、财力、精力的投放是一定要足程足量的，具体落实到实践中就是指有足够的时间总量提供法律服务，有充足的经费用于项目的建设以及选用优质的服务者。若项目硬件指标匮乏，那项目的建设自然就很难达到理想状态。我们看到"服务时间、方式缺乏""服务的经费支持不足"等因素反映出公共法律服务体系建设的实施力度还有待提升。首先一定要提高法律服务的时间总量；与此同时，必不可少的是增加购买服务的经费；在此过程中，如何选用服务资质和服务质量较好的服务者对基层治理而言也是一个难点，所以应建立一套高效的选用机制，硬件指标和公平公正的自由裁量权要相互结合，促进法律服务的总量和质量都进入良性状态。

（三）部分法律服务的薄弱环节应该在实践中得到重视

根据上述部分项目评价结果，我们看到，法律宣传讲座的质量有待提升，法律宣传讲座作为普法过程中非常重要的一环，其质量直接影响到公共法律素养的提升，所以关于法律宣传讲座如何提升质量，应该普及什么内容，以什么标准评价一次宣讲的普法效果是值得我们进一步思考和研究的。另外，根据评价结果我们注意到，针对物业管理、拆迁纠纷和民间借贷等案件，评价结果相对不是很理想。一方面，应该提高法律宣传讲座的质量，法律宣传讲座具有提高法治意识、增强法律风险防控能力的作用。另一方面，针对物业管理、拆迁纠纷、民间借贷等案件，村居律师应该提高相关法律服务的专业素养，同时应以法律宣传讲座的形式提高群众在此方面的风险意识和维权意识甚至是证据收集意识。

综上，基层村（居）委员会作为我国基层自治组织，在国家治理体系中处于结点位置。但公共产品供给在落地过程中普遍面临"最后一公里"难题。有效的解决方式是与人民群众的现实需求有效对接，避免产生供给目标转移和资源投放错位。[1] 通过本次项目调查需求端的诉求对供给端提出要求，从而为强化基层的公共法律服务体系建设能力提供建设性意见，以期进一步促进公共法律服务建设。

---

[1] 栾永玉、陈柏峰：《有效回应人民群众的多样性需求　供给高品质公共法律服务》，《中国司法》2018年第2期。

热 点 篇

Reports on Hot Issues

B.9
后疫情时代社区管控中的上海经验
——以明天华城小区疫情防控为案例

孟祥沛 段宁锐 刘津津*

摘 要： 在上海明天华城小区实行"只进不出"的封闭式管理后，明天华城形成了政府负责，居委会主导，物业公司、社区党员、志愿者、居民骨干等共同参与的基层社区防控架构。通过"一网统管"平台，区级城运中心、镇级城运中心与镇级指挥部、前线指挥部——三级实时连线机制得以建立，各方可以有效及时地沟通，使防疫预案得以不断"进化"。在封闭管理的同时，明天华城的小区管理工作以安全保障、生活保障、医疗保障、应急保障四个方面为抓手展开，并坚持以人为本的宗旨，全方位保障居民隔离期间的正常生活。但从疫情防控常态化趋势看，顺应常态化要求，要利用业委会成

---

* 孟祥沛，上海社会科学院法学研究所研究员；段宁锐、刘津津，上海社会科学院法学研究所。

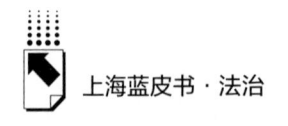

员本身居住于小区内部的优势，充分发挥业委会的作用，解决居委会等工作人员人力不足、在小区内生活不便的问题，探寻构建"居委会场外主导"+"业委会场内组织"+"物业公司、社区党员、志愿者、居民骨干协同合作"的社区疫情管控新模式。

关键词： 明天华城　社区防控　精准防控

2020年初，新冠肺炎疫情暴发，经举国上下的不懈努力，国内疫情防控取得阶段性成效。但国外疫情形势依然十分严峻复杂，疫情输入压力持续增大，我国很有可能在较长时间处于疫情防控状态。上海作为拥有众多人口以及对外交流广泛的枢纽城市，其本身的防控压力不可谓不大，要想赢得这场抗疫持久战，必须高效使力、精准防控。本文以介绍上海在控制明天华城小区疫情中的具体行动为路径，由此揭示出上海在疫情防控过程中的模式，并对其中可以改进之处加以讨论。

一　明天华城小区疫情防控经过

2020年11月20日晚，上海确诊两例新冠肺炎病例，经流调显示，两例病例系夫妻关系，家住浦东新区周浦镇明天华城小区。明天华城是一个拥有2000多户、6000多位居民的大型社区。此后，根据国务院联防联控机制有关要求，上海市疫情防控指挥部决定，将浦东新区周浦镇明天华城小区列为中风险地区，对该小区实行封闭式管理。明天华城居委会接到通知后开始对小区实行"只进不出"的封闭式管理，并连夜组成了三个后勤保障组负责为居民采买日常用品、药品，提供紧急送医和应急响应服务。周浦镇领导班子以及副科以上干部集体立即下沉至一线，明天华城的物业连夜返回工作岗位，业主纷纷主动加入志愿者队伍。在小区封闭式管理第1天、第5天和第 12 天对社区全体居民分别进行了第一次、第二次和第三次核酸检测，核酸检测结果均为阴性，明天华城小区连续 14 天内无新增本地确诊病例。经上海市新冠肺炎疫情防控工作领导小组办公室研究决定，自 12 月 5 日零时起，将该小区由中风险地区调整为低风险地区，明天华城解除封闭式管理，而上海市将持续落实常态化疫情防控措施。明天华城封闭期间，周边居民的生活乃至整座城市的运行，均未受到显著影响。

二 明天华城社区防控模式

社区是疫情联防联控的第一线，也是外防输入、内防扩散最有效的防线。明天华城整个小区的居委会工作人员只有六人，而明天华城又是一个拥有 2000 多户、6000 多位居民的大型社区，要在长达 14 天内对整个小区进行有力管理，社区面临的防控难度可想而知。明天华城疫情的有效控制，更加体现了后疫情时代上海的疫情防控工作走在时代前沿。

（一）强化社区防控措施的法治保障

本次抗疫阻击战中，社区成为疫情联防联控、群防群控的关键防线，居委会在社区疫情管控工作中发挥了主导作用。我国《传染病防治法》以及《突发事件应对法》虽赋予了居民委员会在突发公共卫生事件中组织居民开展社区防疫活动的职权，但都是较原则性的规定，缺乏具体的指引性和可操作性。[1] 为了更好地落实各项社区防疫措施，上海市人大按照法定程序、认真评估，于 2020 年 11 月 1 日出台了《上海市公共卫生应急管理条例》，使社区疫情防控措施更加有法可依。《上海市公共卫生应急管理条例》在社区

---

[1] 《传染病防治法》第九条：国家支持和鼓励单位和个人参与传染病防治工作。各级人民政府应当完善有关制度，方便单位和个人参与防治传染病的宣传教育、疫情报告、志愿服务和捐赠活动。居民委员会、村民委员会应当组织居民、村民参与社区、农村的传染病预防与控制活动。《突发事件应对法》第五十五条：突发事件发生地的居民委员会、村民委员会和其他组织应当按照当地人民政府的决定、命令，进行宣传动员，组织群众开展自救和互救，协助维护社会秩序。

防控中的法治保障作用重点表现在三个方面。

第一，细化居委会落实应急防控措施的法定权责。该条例明确了居委会组织落实"社区封闭式管理、人员进出管控、居家健康观察管理、健康提示"等应急防控措施的权责，细化了法律对居委会应对突发公共卫生事件的职能规定，为居委会展开社区防控工作指明方向。[1] 该紧急立法明晰了居委会组织开展社区封闭式管理的权力，使得在未进入"紧急状态"的情况下也能采取社区封闭式管理措施的合法性更加明朗化，通过公民的"法信赖感"为社区封闭式管理工作提供社会支持。

第二，规范志愿者"嵌入"防控工作的制度。为充分发挥社会志愿者力量，条例与上位法对接，贯彻落实了《传染病防治法》规定的地方完善单位和个人参与志愿服务制度的法律要求。《上海市公共卫生应急管理条例》规定了志愿者参与应急防控的流程、权限，规定志愿者可参与协助居委会落实"社区封闭式管理、人员进出管控、居家健康观察管理、健康提示"等社区应急防控工作。[2] 这一规定为志愿者等社会力量参与到具体社区管控工作中找到切入点，推动了专业防控与群众参与的有机结合。

第三，规定物业与业委会的配合义务。该条例明确了业主委员会以及小区物业公司对居委会应急防控工作的配合义务，[3] 为居委会组织协调业主委员会和物业公司落实社区防疫工作赋权，明确业主委员会、小区物业与居委会的合作流程、合作关系。为构建以居村委会为主导，物业公司、志愿者、居民骨干等多方力量共同参与的基层社区防控架构奠定了法律基础。

---

[1] 《上海市公共卫生应急管理条例》第五十一条第一款：居民委员会、村民委员会应当组织动员居（村）民、志愿者等落实社区封闭式管理、人员进出管控、居家健康观察管理、健康提示等应急防控措施，及时收集、登记、核实、报送相关信息。业主委员会应当配合做好相关工作。

[2] 《上海市公共卫生应急管理条例》第五十六条：鼓励和支持志愿服务组织参与公共卫生事件应对工作，组织志愿者根据其自身能力，在科普宣传、社区防控、秩序维护、道口检疫、心理援助、流行病学调查等领域开展志愿服务。

[3] 《上海市公共卫生应急管理条例》第五十一条第二款：物业服务企业或者其他管理人应当执行政府依法实施的应急处置措施和其他管理措施，积极配合开展相关工作。居（村）民应当依法予以配合。

（二）严格落实"比例原则"的要求

"比例原则"要求"在可实现法律目的的诸措施中，行政机关所采取的措施应对利害关系人权益侵害最小"。[①] 疫情初期，我国许多地方采取了大面积封闭街道、小区、公共场所的应急性超常规防控措施，但经过全国上下艰苦努力，之后的防控工作已从应急状态转为常态化。顺应后疫情时代的特点，为保障经济社会秩序的全面恢复，依照比例原则要求，后疫情时代的疫情防控更加强调"精准防控"。明天华城小区疫情防控工作，无疑体现了上海在疫情防控中的"精准防控"意识，也展现出较高的治理能力与治理效率。

在2020年11月20日晚两例新冠肺炎病例确诊后，上海市、区相关部门立即行动，组成联合流调专家队伍开展流行病学调查工作。流调工作由确诊病例14天内"接触者+接触场所"的双路径并行展开，对相关场所、人员、行为等应用场景开展特征分析和疫情追踪，将防控范围科学锁定至居民小区、具体单位等最小单元。工作人员再根据流调结果精准、迅速地采取措施切断病毒传播途径。最后，厘清事实，通过官方新闻发布会的形式第一时间向公众公布流调结果和已采取的防疫举措，应对舆情，掐断谣言，避免公众因信息不对称产生焦虑情绪。整体上，在堵住所有可能导致疫情反弹漏洞的同时也杜绝给其他公民、场所造成非必要的负面影响，将疫情防治工作对公民生活造成的损害降到最低。[②]

具体而言：一方面，专家团队的流调结果显示，确诊两例病例系夫妻关系，家住浦东新区周浦镇明天华城小区。20日当晚，上海市疫情防控指挥部迅速作出将明天华城小区列为中风险地区、实行"只进不出"的封闭式管理的科学研判，认真落实"内防扩散"的要求。并于次日召开新闻发布会公布相关信息，积极主动地回应社会关切，提高政府公信力。此外，工作

[①] 杨登峰：《从合理原则走向统一的比例原则》，《中国法学》2016年第3期。
[②] 《新增本地病例与之前病例是否有关、市民如何防护……今天的发布会回应热点问题！》，上海市卫生健康委员会网站，https：//wsjkw. sh. gov. cn/xwfb/20201121/5321b4f403da4e31ae08282f9216873c.html，2020年11月21日。

人员连夜对该两例确诊病例14天内到访过的工作地点、公共活动场所进行封闭管理、终末消毒。另一方面，流调人员连夜排查，迅速追踪到两例确诊病例在沪的86名密切接触者并对其立即全部落实隔离观察措施。与此同时，也对两例确诊病例女儿就读的学校落实隔离、检测、消杀等相关措施，且全部改为线上教学。根据流调结果作出科学研判，既不大范围地影响居民生活，在社会资源的调动上也更为合理，同时给予市民更大信心。上海在明天华城防控行动中，即时反应、全面调查、针对性防控，在"应查尽查、应检尽检"的同时将"精准防控"落到实处。由此形成可复制、可推广的防控模式，彰显了"上海效率"。

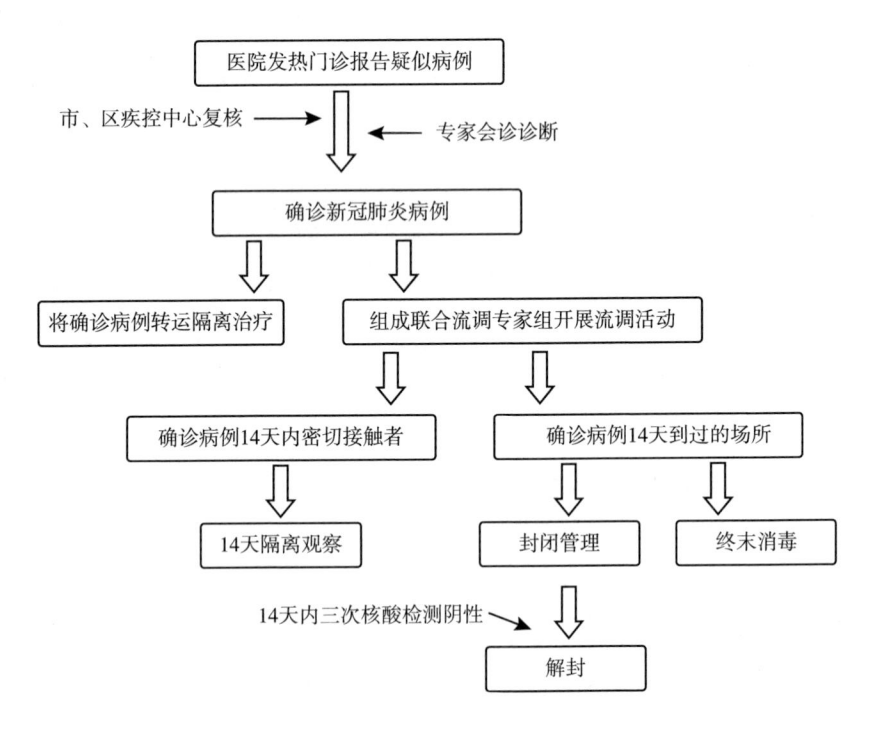

图1 明天华城小区疫情防控经过

（三）构建"居委会+N"的协同防疫模式

明天华城是一个大型社区，而明天华城居委会工作人员只有六人，仅依靠居委会的力量远不能取得本次抗疫阻击战的胜利。事实上，本次明天华城疫情的有效控制得益于多元力量的通力合作，他们各司其职、功能互补，形成了强大合力。纵向层面上看，以城市运行"一网统管"平台为支撑，本次防控实现了多级组织协同联动，使关键指令能实时下达。横向层面上看，本次防控形成了政府负责，居委会主导，物业公司、社区党员、志愿者、居民骨干等共同参与的基层社区防控架构。

1. 通过"一网统管"实现动态防控

明天华城封闭式管理当晚，周浦镇城运中心内镇级指挥部第一时间成立。通过在小区周边路段、各出入口、核酸检测点位等重要公共区域点位安装的临时摄像头，配合智能模块应用，第一时间处置小区突发情况，更有助于防患于未然。此外，区级城运中心、镇级城运中心与镇级指挥部、前线指挥部——三级实时连线机制由此建立。各方通过"一网统管"平台进行及时有效的沟通，使防疫预案不断"进化"，实现了动态防控、科学防控、精准防控。

2. 明天华城居委会发挥主导作用

在接到对明天华城小区实行封闭式管理的通知后，居委会便按照社区原有疫情防控应急预案组织开展防控活动，连夜组成了三个后勤保障组，负责为居民采买日常用品、药品，提供紧急送医和应急响应服务。特殊时期，明天华城居委会实行特殊工作制——6名工作人员，每天有1人值班，工作24小时，赋予社区24小时防控保障。其余5人每天的工作时间，也往往在12小时以上。[1]

3. 党政机关工作人员协同配合抗疫

在明天华城社区实行封闭的第一时间，周浦镇领导班子以及副科以上干部集体立即赶赴明天华城进行支援，在距离居民最近的地方24小时轮班坐镇指挥。城管、公安等部门也紧急出动了80多人的队伍，分组轮班，24小

---

[1] 唐玮婕、张天弛：《告别中风险，明天华城为"明天"加油》，上海《文汇报》2020年12月6日，第2版。

时维护小区内外各项秩序，为取得此次抗疫战役的胜利保驾护航。居住在小区的几位民警就地上岗，建立临时党支部，与居委会主动对接，承担起小区内部分管理工作。民警钱嘉原本在浦东公安分局指挥处工作，他因此发挥"专业对口"优势，参与核酸检测方案的优化制定，重新设置了采样点位。①

4. 物业为小区内正常运行提供保障

明天华城开展封闭式管理当晚，物业工作人员也在深夜紧急集合。客服、保安、保洁、维修等物业工作人员均于第一时间返回工作岗位，担负起保障小区正常运行的重任。为全面阻止病毒的进一步蔓延，物业公司的清洁工每天对明天华城小区公共空间、公共设施进行三次全面消毒，对于小区产生的垃圾也每天专门集中焚烧处理。小区的25名安保人员返回安保岗位，24小时看守小区三个进出口。

5. 志愿者"嵌入式"行动对准需求

在居委会的组织下，依照群防群控的要求，社区居民组成的志愿者团队在此次行动中发挥了重要作用，弥补了既有人力资源的不足。依托居住于明天华城的便利条件，社区内志愿者拥有深入接触第一线的优势。志愿者们平常负责到各个楼道张贴生活起居便民告示、协助小区内的老人在网上采购生活物资、收集居民的困难之处等信息、为居民分发消毒用品等。在进行全小区核酸检测的重要时点，志愿者力量也发挥了强大作用。检测前，由居委会组织志愿者负责统计人数、以扫楼的方式通知每家每户进行核酸检测的具体时间与地点，居民按照志愿者通知的顺序依次下楼排队接受检测。检测时，志愿者拿出准备好的二维码，让等候的居民在手机上输入相关信息，缩短等候时间，保障核酸采样工作的高效进行。

由以上可见，在本次社区防疫中形成了政府负责、居委会主导、物业公司、社区党员、志愿者、居民骨干等共同参与的基层社区防控架构，为封闭式管理的小区提供了充分的人力资源保障。

---

① 陈颖婷：《明天华城完成第三次全员核酸检测——"大家都期待着解封的那一刻"》，《上海法治报》2020年12月4日，第4版。

（四）全方位保障社区居民日常生活

"精准管控"要求发现疫情的社区做到局部闭环处置，各个方面、各项工作第一时间进入闭环流程，以期在最短时间内把疫情管控在最小范围，扑灭在萌芽状态，确保不扩散不蔓延。社区虽然封闭了，但小区居民的生活无法封闭、停止，小区公共卫生应急管理工作应当在进行社区隔离的同时也全方位保障社区居民在封闭隔离期间的日常生活。

1. 社区的安全保障

封闭小区，守住大门是最重要的一环。明天华城小区实行封闭式管理后，小区三个出入口中的两个完全关闭，仅保留一个入口，只进不出，小区的25名安保人员与城管队员组成了两道安全防线，每个进出口由5名安保队员24小时看守，门外还有城管队员协助。为确保居民和外界保持安全距离，居民领取物品时，需告知门口安保人员门牌号及所需物品数量，由穿着防护服的工作人员将物品送进小区，再由小区内安保人员递给居民。在华城小区解除封闭式管理后，社区的安保工作仍没有松懈，疫情防控工作仍在继续。明天华城小区居委会为小区居民发放了通行证，小区居民需凭证出入。志愿者在小区门口负责出入登记工作，人们进出小区需要遵循查看绿码、询问中高风险旅居史、测温、登记身份证和电话号码等系列流程。

2. 居民的生活保障

对明天华城小区居民采取的生活保障模式与2020年11月9日开始进行封闭式管理的营前村有较大不同。营前村为上海市浦东新区祝桥镇下辖村，地理位置较偏，村民日常更习惯于线下采购生活物资，因此，营前村村委会遵循村民的生活习惯，因地制宜，决定由浦商集团每两天配送一次生活物资。相反，明天华城小区地处市区，临近商圈，在封闭式管理期间，依托发达的互联网及快递行业，大部分居民都可以自行通过网络采购生活物资以保障正常生活。对不会上网采购的老年人，居委会通过浦东新区农委为社区老人采购日用食品，送货上门，志愿者也会协助小区老人在网上购买蔬菜和生活日用品。对于做饭有困难的老人，社区居民组织了帮扶小分队，实施定点专人帮助服务，解决老人的一日三餐问题。如小区内一位91岁的孤寡老人自己做饭时险些导致屋内着火，居民通过微信群得知该情况后，短时间内组建起一支9人帮扶小分队，帮助老人解决三餐问题。

3. 居民的医疗保障

依照规定，在社区封闭式管理期间需要对社区全体居民做三次核酸检测，三次核酸检测均采取"医务人员进入小区为社区居民采样＋将样本带回医院分析后得出检测报告"的模式。第一次核酸检测时间紧、任务重，由浦南医院一支由60名护士、30名行政后勤人员组成的应急小分队负责完成。此后，每次核酸检测的预案都在升级，到第三次核酸检测时，采样任务由上海市第七人民医院和浦南医院承担，而检测单位为东方、七院、周浦、公利、人民医院5家医院。此外，在隔离封闭期间，如果居民有常用药需求，明天华城小区社区医院医生按方开药，送药上门。对于需要做血透等治疗的居民，居委会也会通过卫健委联系120隔离转运车，确保居民安全运送就医。

4. 社区的综合应对

小区封闭管理过程中的应急工作主要由居委会主导，哪里有需要就往哪里使力，特事特办。比如小区封闭首日，许多居民因单位需要提供隔离证明而手足无措。居委会得知该需求后，便立即辟出单独区域为居民开具隔离证明。小区封闭期间，一对夫妻批发的4吨土豆"滞销"，正当该夫妻一筹莫展之时，居委会和物业特事特办，在小区内为其特设了土豆摊位，整个小区的居民皆参与到这场"土豆消灭战"中，其后这批滞留封闭小区的土豆全部售完。当物业工作人员和因送客而滞留小区的滴滴车司机无处休息时，居委会给他们腾出了所有能用的空房间，如办公室、值班房、活动室，甚至地下车库，以供其在每天高强度工作后有一个"安身之处"。明天华城自始至终在做好疫情防控闭环管理的同时，也没有忽略以人为本的宗旨，坚持全方位保障社区内民生，稳定了被隔离在小区内居民的信心。

- 由穿着防护服的工作人员将居民网购的生活物品送进小区，再由小区内保安人员递给居民。小区内志愿者协助老人通过网络采购生活物资。居委会也通过浦东新区农委联系专人为老人采购日用食品，并送货上门。

- 居民有常用药需求的，社区医院医生按照处方开药，送药上门。对于需要做血透等治疗的居民，居委会通过卫健委，联系120隔离转运送医。
- 由医院医护人员进入小区为居民做核酸检测。居委会和志愿者分为多个小组，挨家挨户上门通知具体检测时间、地点。

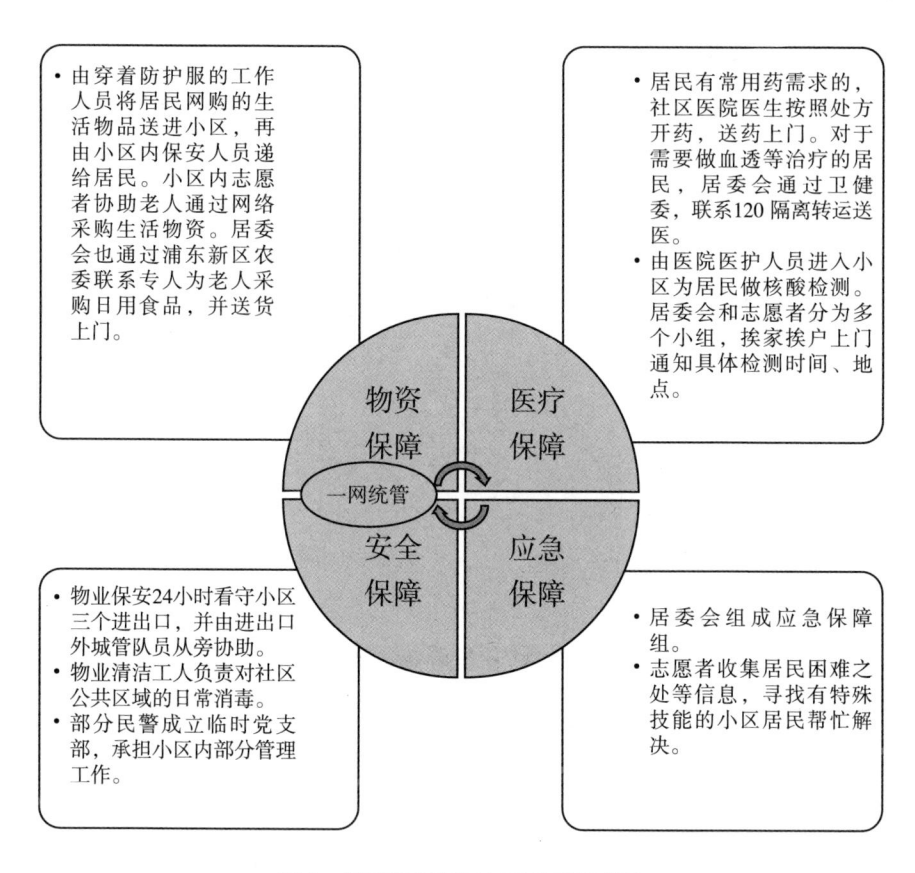

物资保障　医疗保障
一网统管
安全保障　应急保障

- 物业保安24小时看守小区三个进出口，并由进出口外城管队员从旁协助。
- 物业清洁工人负责对社区公共区域的日常消毒。
- 部分民警成立临时党支部，承担小区内部分管理工作。

- 居委会组成应急保障组。
- 志愿者收集居民困难之处等信息，寻找有特殊技能的小区居民帮忙解决。

图 2　保障社区居民日常生活的措施

三　明天华城小区案例的启示

明天华城于封闭式管理 14 天后成功解封，其间不仅小区内无任何新增病例，小区周围也没有任何因明天华城小区病毒传播而感染的病例出现，上海在此次抗疫工作中交出了一份令人较为满意的答卷，其中有许多做法值得研究。

（一）社区疫情管控工作中的成功经验

明天华城小区本轮疫情的出现是对一系列疫情防控措施效果的检验，其

147

取得的良好效果足以证明，上海市作为一座特大城市，有能力自上而下与自下而上相结合地做好疫情防控工作。总体来看，本次社区疫情防控的经验主要有以下两点。

1. 依法防控、科学研判风险等级

明天华城小区出现确诊病例后，上海市卫健委综合判断此轮疫情的形势，根据国务院《关于依法科学精准做好新冠肺炎疫情防控工作的通知》的规定，按照"14天内有新增确诊病例，累计确诊病例不超过50例；或累计确诊病例超过50例，14天内未发生聚集性疫情"的标准，合理划分中风险地区的范围，将中风险地区严格控制在明天华城社区内，周围商铺、街道仍正常营业。做到内紧外松，尽量减少防疫工作给城市公众生活带来的影响，严格落实"精准防控"的常态化防疫要求。而明天华城封闭期间，无论是隔壁小区的正常生活，还是整座城市的平稳运行，均未受到影响，事实证明，在常态化疫情防控下，科学划分疫情风险等级，严格按照相关规定落实分区分级管理的要求，选定局部区域上调为中风险地区的措施是十分科学可行的，既防止了疫情大范围扩散，又保证了城市不停摆，将疫情对市民正常生活的影响降到最低。

2. 居委会主导、多主体协同抗疫的管控机制发挥关键作用

基层防控是防疫的第一线，是落实国务院联防联控机制的基础防线。在明天华城小区封闭的14天内，基层人民政府与党委、基层自治组织（居民委员会与业主委员会）、社区服务组织（物业公司）、业主共同织起了一张严密的防疫网。疫情防控的高压态势有利于提高居民的凝聚力和自治意识，"基层自治"在这一大背景下有着更纵深的发展空间。本次疫情防控在法律层面明晰了基层各主体的权责关系，实现了基层自治中多元主体的协调与平衡：首先，党政机关为服务封闭小区组建了强大的人员保障、综合协调、隔离转运、安全稳定、服务保障、信息宣传团队，发挥了基层党政机关在基层治理中的保障作用。其次，明天华城居委会依法履职，在社区防疫中既自上而下贯彻落实政府的防疫政策，又自下而上引导业主自治的开展。再次，物业服务企业反应迅速，及时成立明天华城物业防疫工作临时指挥部，为封闭

在小区的居民服务，保障小区居民的日常生活。最后，明天华城防疫的成功也离不开志愿者的倾力服务。

（二）社区疫情管控机制未来发展方向——居委会场外指导＋业委会场内组织

总体来看，明天华城的防疫案例为我国常态化防疫下偶发性疫情的管控提供了独特的、可执行的经验，但是其疫情防控措施也存在待完善之处。

1. 问题的提出

本次社区管控工作的指挥者，是深入第一线的周浦镇党政机关工作人员以及明天华城居委会工作人员。他们在社区管控工作中发挥了高效且有力的指挥、领导作用，引领物业公司、志愿者的各项工作有序展开。但居委会工作人员并非该小区的居民，深入小区第一线的党政机关干部也并非小区居民，他们在小区并无住宅，故其在隔离期间的衣食住行相比社区居民存在诸多不便之处，特别是住宿方面。本次明天华城疫情防控工作中，居委会利用办公室、值班房、活动室，甚至地下车库给工作人员提供休息场所，有的人睡在行军床上，有的人睡在冰冷的地板上。而对于每天高强度工作的工作人员来说，这 14 天绝非一个短暂的时间。且本次明天华城小区是因为全体居民三次核酸检测均为阴性才能最快地于 14 天后解封，但很难保证以后其他社区都能于 14 天内三次核酸检测均为阴性，其封闭时间只可能等于甚至长于 14 天。且当小区出现感染病例时，居委会、党政机关工作人员深入第一线会导致其自身只能被"禁锢"在某一个社区，而当邻近的一个小区甚至多个小区出现感染病例时，容易造成其他小区缺乏人力资源保障的局面。

为了应对疫情防控常态化，应当尽量利用小区本身的人力资源，探索减少外来的居委会、党政机关工作人员在封闭社区内直接进行社区管控工作而改由其在场外指导的抗疫模式。但完全由各小区物业公司、志愿者来自主开展工作又极难实现，且缺乏效率：第一，根据《民法典》第 285 条对物业公司的定位，物业公司是接受业主委托开展物业服务工作的组织，其应急处置措施是配合开展相关工作,无权直接对居民进行封闭管理。① 且物业公司具有营利的属性,赋予"私主体"以"公权力"极易造成权力的滥用。再加上物业工作人员通常在社区内不具有休息场所,为了抗疫模式的全面推广性、普适性,选取的在社区内主导管控工作的组织就不能是物业公司。第二,社区志愿者本身是零散的,组织一个志愿者团队需要消耗一定的时间成本,而封闭式管理的工作刻不容缓,故最优方案应当是选定一个既存的组织作为管控工作的主导力量而绝非临时组建一个志愿者团队。此外,志愿者本身没有相关工作经验,只有依托既定的成熟组织才能快速系统地了解如何有方向地发挥力量,知道力往何处使,以及如何使,有效对接社区管控工作中的需求。所以选取的在社区内主导管控工作的组织也不应该是志愿者团队。

2. 解决办法及落实角度

本次明天华城社区管控工作中难觅业委会的身影,但业委会成员作为小区居民具有其他外来工作人员无法比拟的优势条件,相比临时党支部、志愿者组织而言,它是社区的既存组织,只要有需要就可以立即开展工作。相比物业公司,《民法典》第277条规定业主委员会由业主选举出的业主代表组成,故业委会更能代表业主的利益,业主委员会的成员必须是物业管理区域内的业主,更能与业主产生身份认同,获得业主的信任。同基层党组织及居委会相比,业委会与业主联系更加密切,更能反映业主的切实需求,故业委会在社区管控工作中有不可替代的独特优势。但疫情管控工作涉及与相关政府部门和其他外界机构的交流,这方面业委会存在明显的资源渠道短板,而居委会在这方面有着成熟的经验与工作模式。为了应对实际情况,应当发挥业委会成员的"在场"优势与居委会的"场外"优势,由社区居委会于场外制定管控方案,由业委会于场内组织物业公司、志愿者实施,业委会向居委会随时反映各项工

---

① 《民法典》第285条:物业服务企业或者其他管理人根据业主的委托,依照本法第三编有关物业服务合同的规定管理建筑区划内的建筑物及其附属设施,接受业主的监督,并及时答复业主对物业服务情况提出的询问。物业服务企业或者其他管理人应当执行政府依法实施的应急处置措施和其他管理措施,积极配合开展相关工作。

作落实情况，并及时向居委会反映需求，由居委会于场外联系各部门展开相关工作。这样不但有利于资源的合理配置，还有助于社区管控工作的高效展开。且在法律权限上，《物业管理条例》第二十条已经授权规定业主委员会应当与居民委员会相互协作，共同做好维护物业管理区域内的社会治安等相关工作。而要探索建立"业委会场内主导+居委会场外指挥"的社区疫情管控模式，重点应放在如何发挥业委会的场内优势上。

现实中，业委会在疫情防控中的定位十分模糊，地位并未受到重视，业主委员会的工作积极性较低。若将业委会视作业主的代理人，我们会发现业委会在疫情防控中权责不清的根源在于委托关系的不明晰性与不确定性，在疫情防控的高压态势下，业委会往往受基层党组织、居委会的指挥，其本质是在基层组织的领导下开展工作，并没有明确其"代理人"的定位、落实代理人为被代理人的利益考量的基本要求，且有的疫情防疫工作展开时直接忽略了业委会，业委会并没有机会发挥其优势。根据《物业管理条例》的相关规定，业委会的职责之一为及时了解业主、物业使用人的意见和建议，监督和协助物业服务企业履行物业服务合同，由此可以明确业委会在疫情防控中扮演民意的反馈者及物业服务企业的监督者角色。根据既有行政法规的规范指引，地方可以制定相关法律文件明确业委会发挥"场内作用"的职权。即在基层防疫过程中，细化相关指引规范，明晰业委会的法定权利，加强业委会与场外居委会的协助交流。

在疫情防控过程中，因为其工作的危险性、专业性较强，可能会存在部分业委会成员不敢做、不会做的现象。此外，当前部分小区的业委会仍然存在自身履职能力较差的问题，如业委会主任、委员年龄普遍偏高，专业背景和时间精力受限等。这就要求基层政府和居委会加强对业委会工作的支持与指导：第一，加强对业委会选举工作的指导，《民法典》第277条规定了地方人民政府有关部门及居民委员会对选举业主委员会的指导和协助义务，这就要求基层管理主体应规范业委会的选举机制，提高业委会成员的质量，考察业委会成员的履职能力，合理安排成员结构。其二，常态化防疫中，定期组织相关防疫知识培训,吸纳业委会成员参与其中,将专业性的提升放在平常。在防疫形势紧张时,紧急组织培训,调动业委会成员参与防疫工作的积极性,将防疫要求切实传达给业委会,使其更好地协助政府、居委会、物业服务企业开展工作。

B.10
上海商事调解现状及其完善研究

孙大伟　山珊　段宁锐　颜铭宏*

摘　要： 独立第三方商事调解，是民办非企业单位、商会、行业协会、公司等民间独立第三方参照机构调解规则并依法促成商事纠纷当事人达成调解协议的制度。上海的商事调解在全国范围内起步较早，且随着商事活动的深入开展以及营商环境的持续改善，各种类型的调解机构不断涌现。可以考虑通过合理划定不同商事调解组织的受案范围、完善专职调解员制度以及健全商事调解规则等措施对现有的商事调解实践加以完善。

关键词： 商事调解　独立第三方　专职调解员

一　商事调解概述

传统上，我国以解纷组织为区分标准，形成了人民调解、行政调解与司法调解并驾齐驱的大调解格局。因我国并没有实行绝对的民商分立，传统上，即使针对商事纠纷仍可纳入广义的民事纠纷范围由前述调解机制解决。直至最高院司法解释性质文件中明确将商事调解从传统的三大调解中分离出来，认为除了人民调解组织及行政机关以外的商事或行业调解组织也可进行

---

* 孙大伟，法学博士，上海社会科学院法学研究所副研究员；山珊、段宁锐、颜铭宏，上海社会科学院法学研究所。

纠纷调解工作。[1] 这种引进民间商事调解机构来调解商事纠纷的机制被学界称为商事调解，但现阶段，我国商事调解并非一个确定和统一的制度。

（一）商事调解的概念

商事调解在我国现行法律法规中并无明确定义，单以纠纷类型为区分标准，商事调解是一种与劳动调解、家事调解等并列的调解类型，故最广义的商事调解包括法院商事调解、行政机关商事调解、仲裁机构商事调解和独立第三方机构商事调解等。此外也存在狭义的商事调解。根据《最高人民法院关于人民法院特邀调解的规定》及《最高人民法院关于支持和保障深圳建设中国特色社会主义先行示范区的意见》，商事调解与司法调解、人民调解、行政调解、行业调解并列，作为一种独立的调解类型。[2] 但根据《最高人民法院关于人民法院进一步深化多元化纠纷解决机制改革的意见》，行业协会也可以设立商事调解组织提供商事调解服务。与司法调解、人民调解和行政调解不同，行业调解在我国学术界无明确的定义。行业调解机制解决的纠纷大多也为商事纠纷，基于审慎态度，在商事调解制度尚未体系性地构建、行业协会调解的商事纠纷并未明确被剔除出商事调解范围时，无理由将商事调解与行业调解绝对地分离开来。[3] 故本文认为狭义上的商事调解指司法调解、人民调解、行政调解外由独立第三方主持进行的商事调解。

---

[1] 参见《关于建立健全诉讼与非诉讼相衔接的矛盾纠纷解决机制的若干意见》第2条。
[2] 参见《最高人民法院关于人民法院特邀调解的规定》第1条、第6条，《最高人民法院关于支持和保障深圳建设中国特色社会主义先行示范区的意见》第20条。
[3] 传统上行业调解大致为行业性社会团体及其分支机构设置行业调解委员会，对于会员之间以及会员与非会员之间发生的具有行业特点或与行业活动有关的民事权利义务争议予以调解的机制（宋朝武等：《调解立法研究》，中国大学出版社，2008，第109页）。根据中华全国工商业联合会、中国期货业协会、中国证券业协会等机构制定的文件，通过行业调解解决的纠纷中，其中一方当事人须为会员，所以行业调解一般指纠纷一方须为会员的调解机制（参见《全国工商联、司法部关于推进商会人民调解工作的意见》第2条第3项、《中国期货业协会调解规则》第6条、《中国证券业协会证券纠纷调解工作管理办法》第11条）。未来立法若要将行业调解与商事调解绝对区分，则纠纷当事人均非会员时，便不能通过行业调解机制进行调解，而只能通过纳入商事调解机制进行纠纷解决。

综上，本文所称商事调解即独立第三方商事调解，是指民办非企业单位、商会、行业协会、公司等民间独立第三方参照机构调解规则并依法促成商事纠纷当事人达成调解协议的制度。

（二）商事调解国内发展概况

近年来，我国就多元化纠纷解决机制进行了一系列制度建设，例如2015年12月，中共中央办公厅、国务院办公厅印发《关于完善矛盾纠纷多元化解机制的意见》；2016年6月，最高人民法院印发《关于人民法院进一步深化多元化纠纷解决机制改革的意见》；2019年1月，最高人民法院与全国工商联联合印发《关于发挥商会调解优势推进民营经济领域纠纷多元化解机制建设的意见》等。除了国家层面的制度建构，全国多个省市也就多元化纠纷解决机制的问题制定了相应的规范，例如2015年生效施行的《厦门经济特区多元化纠纷解决机制促进条例》和2018年生效实施的《福建省多元化纠纷解决条例》。

除了从多元化纠纷解决机制层面进行制度建构外，我国还从各具体商事行业领域进行了制度建构。例如，2010年中国银行业协会制定了《关于建立金融纠纷调解机制的若干意见（试行）》，2012年最高人民法院会同中国保险监督管理委员会联合发布了《关于在全国部分地区开展建立保险纠纷诉讼与调解对接机制试点工作的通知》，2012年6月中国证券业协会发布了《中国证券业协会证券纠纷调解工作管理办法（试行）》。

虽然我国现行的制度框架下尚未形成统一的商事调解通用规则，但"商事调解"已经作为多元化解决纠纷机制的下位概念被写入了规范性文件，或被化整为零在具体商事领域率先进行了实践，如保险、证券等金融行业。商事调解作为一种独立的调解方式与人民调解等方式并列存在。以商会、行业协会、民办非企业单位为代表的有一定资质的机构可以设立调解组织，并在投资、期货证券、保险等领域开展有偿商事纠纷解决服务。现有制度对调解组织进行调解的依据、调解员的回避制度、调解方案的强制做出等内容进行了创新性设计。

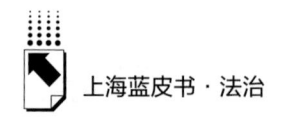

（三）商事调解域外发展概况

1. 美国调解制度介绍

美国的调解制度主要分为法院附设调解和法院外的其他调解，法院附设调解类似我国的法院调解，法院外其他调解通常由社区调解中心等机构完成。就金融行业而言，当前运作较为成熟的是美国金融业监管局的调解机制。

成立于2007年美国最大的非政府金融监管机构，美国金融业监管局（Financial Industry Regulatory Authority，FINRA）由美国证券交易商协会（NASD）和纽约证券交易所（NYSE）的自律监管部门合并而成。[1] 几乎所有的美国股票期货交易所都与FINRA存在合约关系。这些大型交易所与FINRA签订协议后，其内部就不再另行设立纠纷解决机构和配备专业人员。FINRA的具体运作机制如图1所示。

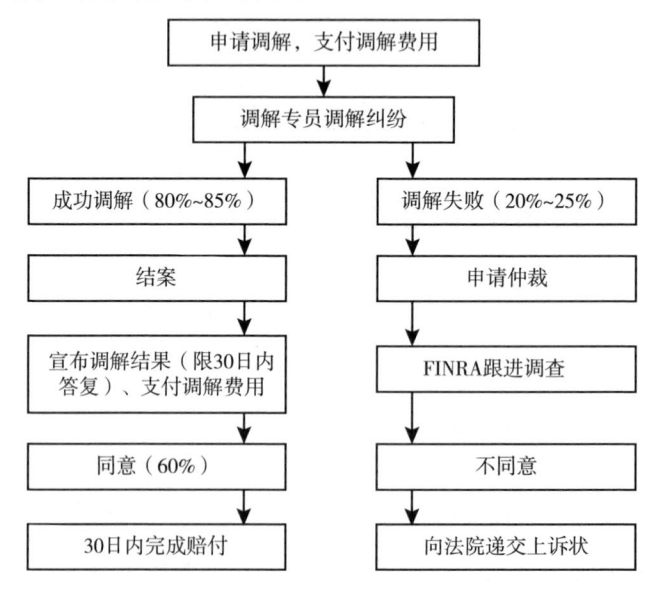

图1 FINRA运作机制

资料来源：张炳、孙效敏，《美国金融业监管局调解制度评析及启示》，《兰州学刊》2014年第12期。

---

[1] 张炳、孙效敏：《美国金融业监管局调解制度评析及启示》，《兰州学刊》2014年第12期。

该运作机制特点如下：第一，各方自动放弃诉讼救济并以调解结果为终审结果。第二，调解的地点和方式较为灵活。第三，相较于其他纠纷解决机制，费用较低。该调解费用的主要名目为：调解员费用和申请费。所谓调解员费用就是指调解员的差旅费等费用；所谓申请费就是指FINRA收取的行政性费用。第四，时间周期比较短。①

2. 英国调解制度介绍

英国的诉讼外调解机构主要有咨询调解仲裁机构、全国律师ADR网络、纠纷解决中心、城市纠纷小组、英国家庭调解委员会、伦敦仲裁院。其中，全国律师ADR网络、纠纷解决中心、城市纠纷小组是处理商事纠纷、金融服务纠纷的机构。英国的诉讼外调解机制规定若一方当事人，在调解过程中无故拒绝调解或退出，则该当事人将面临承担后续裁判费用的风险。此外，当事人在订立合同时可以事先约定先行诉讼再进行调解的条款。②

就金融行业领域，英国还试行了金融申诉员制度。根据FSMA2000第225条规定，金融申诉专员服务公司是保证责任有限公司且不发行股份，其向FCA负责并接受其监督。不以营利为目的公益性法人FOS既不是监管者，也不是消费者权益保护组织。事实上，它本质上是整合了保险、银行和证券业调解机制的综合性的法院诉讼替代性纷争解决机制（Alternative Dispute Resolution System）。

3. 澳大利亚调解制度介绍

澳大利亚的调解首先在商业诉讼中使用，后来才运用于其他案件，常见的调解机构有社会司法中心、国家替代性纠纷解决咨询委员会。法院附设调解、社会调解和行业调解是澳大利亚调解制度的主要分类。法院附设调解由法院将案件交付调解机构调解，这种调解具有强制性，无须征得当事人同意。此外，澳大利亚的调解是有偿行为，收费为调解员的收入。双方达成的调解协议不具有法律强制力，但是可以进行司法确认。

---

① 张炳、孙效敏：《美国金融业监管局调解制度评析及启示》，《兰州学刊》2014年第12期。
② 邱星美：《当代调解制度比较研究》，《比较法研究》2009年第4期。

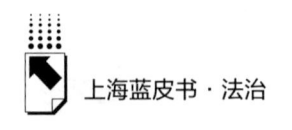

二 上海商事调解的现状

由于专业性、行业性矛盾纠纷占比较大，上海的商事调解在全国范围内起步较早，且随着商事活动的深入开展以及营商环境的持续改善，各种类型的调解机构不断涌现。总体上看，上海的商事调解仍处于快速发展的上升通道。

（一）上海商事调解的立法现状

我国尚无统一的调解制度立法，亦无对商事调解进行规定的法律，上海市也暂时未出台关于商事调解的地方性法规，商事调解大多以一笔带过的形式出现在行政法规和最高院司法解释中。

为促进我国经济对外开放发展，中国（上海）自由贸易试验区于2013年9月29日正式成立。同时，为了与国际法律环境接轨，满足市场对商事调解的需求，根据全国人民代表大会常务委员会的层层授权，上海市人民政府于2013年9月22日发布《中国（上海）自由贸易试验区管理办法》，支持各类商事纠纷专业调解机构依照国际惯例，采取多种形式解决自贸试验区商事纠纷。此外，上海市高级人民法院于2014年发布了《上海法院服务保障中国（上海）自由贸易试验区建设的意见》，要求加强与行业协会、商会以及其他合法商事调解组织的衔接，力争使涉自贸试验区纠纷得到高效、便捷、经济的解决。

为吸引更多专业性的社会力量参与调解，引导商事调解组织有序发展，优化营商环境，上海市司法局于2019年11月11日发布了《上海市司法局关于规范本市调解组织发展的规定》，明确民办非企业单位（社会服务机构）、公司等形式成立的调解组织可以调解民商事纠纷。[1] 使法院、行政机

---

[1] 参见《上海市司法局关于规范本市调解组织发展的规定》第3条，沪司规〔2019〕4号，2019年11月11日发布。

关、人民调解委员会外其他更加专业的机构，特别是公司法人也能进行商事纠纷的调解，这为商事调解的发展注入了强劲动力。为提高商事调解服务质量，该文件要求司法行政部门对调解组织的业务进行指导。在调解权限方面，除司法机关或有关行政部门委托调解的外，前述调解组织只能从事民商事纠纷的咨询及调解活动。此规定有利于商事调解组织更集中地发挥自身的专业性优势，避免公司制调解组织因为趋利性而盲目扩大调解范围、影响调解工作的效果。在提升调解人才能力方面，该文件规定了调解组织的调解员应在司法行政部门公布的调解员名册中选定并由该部门对调解员进行培训、考核、奖惩管理。在调解费用方面，该文件授权调解组织有偿提供纠纷解决服务。同时为了保障商事调解活动的公平公正，避免司法资源过度资本化，该文件要求调解组织应制定并向社会公开本组织的咨询和调解收费标准。

（二）上海商事调解组织的现状

国家企业信用公示信息系统显示，上海现已成立多家商事调解组织：有行业协会成立的民非形式调解机构、有律师团体成立的调解中心、具有公司制的调解组织。不同性质调解组织成立的条件、对调解员资质的要求以及对调解服务的收费标准均不同，为此，本文将选取三个较具代表性的调解组织进行介绍。

1. 上海经贸商事调解中心

（1）情况简介

上海经贸商事调解中心成立于2011年1月8日，是由上海现代服务业联合会发起成立，经上海市商务委员会、上海市社团管理局批准成立的独立第三方调解机构。上海经贸商事调解中心的服务范围包括帮助国内外企业或机构解决在贸易、投资、金融、证券、知识产权、技术转让、房地产、工程承包、运输、保险以及其他商事、海事等领域的纠纷并提供有关的咨询、专业培训服务。经过十年的不断发展，上海经贸商事调解中心已有一套相对完备的调解规则、调解员守则和收费标准，其调解体系较为成熟。

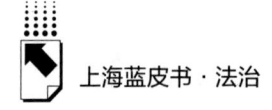

(2) 调解员的选聘与管理

上海经贸商事调解中心现有在册调解员67名，其中包括2名外籍调解员。他们均多年从事国际、国内商事法律事务，又是深谙中华文化传统的学者、律师、退休法官以及其他资深法律从业专家，具有良好的职业、道德操守及深厚的专业背景和丰富的实践经验，尊重当事人的意愿。根据上海经贸商事调解中心发布的《调解员聘任及考核管理办法》，对于调解员的聘任、考核、处罚由上海经贸商事调解中心管理委员会决定，调解员的聘任、考核管理等工作由调解中心统一负责。[①]

上海经贸商事调解中心除要求调解员满足良好的道德修养和必要的法律素质等基本条件外，还要求调解员满足如从事专业研究工作并具有职称、从事实务工作等条件。[②]

根据《上海经贸商事调解中心调解员培训管理办法》的规定，上海经贸商事调解中心管理委员会负责调解员的培训工作，包括初任培训、年度培训和专项培训。培训的内容主要为商事调解理论与法律基础、办案程序与技巧以及心理学和社会学专业知识。

(3) 调解费用

根据《上海经贸商事调解中心收费办法》，调解中心向当事人收取的调解费用由案件管理费和调解费两部分组成。案件管理费为每方当事人1000元（人民币），于同意提交调解时交纳。当事人对费用承担另有约定的，按其约定交纳。当事人交纳案件管理费后，撤回调解申请的，管理费不予退回。对于调解费部分的计算，标的额明确的案件，根据其标的额进行计费。

[①] 参见上海经贸商事调解中心网站，http://www.scmc.org.cn/page112? article_id=70&menu_id=45，2021年1月27日。

[②] 该条件包括：第一，从事经济贸易、法律教学和研究工作并具有高级职称；第二，从事经济贸易实务工作，了解相关法律法规，熟悉所在领域的行业规范和专业知识，具有高级职称或同等专业水平；第三，曾担任法官、检察官，长期从事民商事审判、检察工作，任职审判员、检察员的时间不少于10年；第四，从事律师工作，具有较高的业务水平和良好的职业声誉，担任执业律师时间不少于10年；第五，曾经从事立法、执法或其他法律实务工作时间不少于10年，具有丰富的理论和实践经验。

标的额不明确或存在较大争议的，调解员根据调解所使用的时间进行计算。当事人提出调解费减免申请、经上海经贸商事调解中心主任批准的，除案件管理费全额收取外，调解费可酌情减免收取。除此之外，上海经贸商事调解中心还取得了上海市浦东新区税务局于2016年1月1日至2020年12月31日的免税资格。①

（4）调解协议的效力

根据《上海经贸商事调解中心调解规则（试行）》的规定，生效的调解协议具有民事合同性质，当事人应当履行。具体而言，主要包括：第一，当事人可申请有权法院确认调解协议的效力，经法院确认的调解协议具有执行力。第二，当事人可要求司法机关或仲裁机构以调解协议为依据做出具有特定效力的法律文书。第三，当事人可依据《中华人民共和国公证法》要求公证机关依法赋予有给付义务的调解协议以强制执行效力；该协议可由债权人向有管辖权的人民法院申请强制执行。此外，仲裁委员会可依据仲裁条款裁决确认调解协议的效力。

（5）对外合作

国内合作中，上海经贸商事调解中心是目前唯一一家与最高人民法院国际商事法庭、上海市高级人民法院、上海市中级人民法院、上海部分基层法院建立了四个审级诉调对接机制的调解组织。在国际合作中，上海经贸商事调解中心创设中欧、中美国际商事联合调解机制等实践举措。2020年7月1日，上海经贸商事调解中心（SCMC）和欧盟知识产权局上诉委员会（EUIPO BOA）携手完成并颁布了聚焦中欧商标、外观设计的知识产权联合调解机制。中欧联合调解机制涉及的《国际商事知识产权联合调解规则》、《联合调解协议》、《联合调解协议附件－保密声明》与《联合调解员声明》等系列配套文件也已在调解中心官方网站正式颁布实施。2020年9月15日，为更好地解决中美两国间的经济、贸易商业争端，全球最大的非诉讼纠

---

① 参见《上海市国家税务局、上海市地方税务局、上海市财政局关于认定上海千众慈善基金会等63家单位非营利组织免税资格的通知》，沪国税发〔2017〕42号，2017年5月5日发布。

纷解决服务机构JAMS和上海经贸商事调解中心（SCMC）宣布成立中美国际商事联合调解专家组并共同制定了《国际商事调解规则》。

2. 上海银行业纠纷调解中心

（1）情况简介

上海银行业纠纷调解中心（以下简称"银调中心"）是2016年4月19日注册成立的主要从事银行业纠纷调解的民办非企业单位，其业务主管单位是中国银行保险监督管理委员会上海监管局。银调中心的成立是上海市银监局为更好地落实《国务院办公厅关于加强金融消费者权益保护工作的指导意见》[①]的要求，为达成持续建设"让人信赖、受人尊敬、创新发展"的上海银行业，并为多元化解决银行业客户投诉纠纷而做出的努力。故根据银监会重点工作事项有关"京、沪、渝、深四地试点组建银行业纠纷调解中心"的部署，上海银监局指导并推动设立了民办非企业性质的上海银行业纠纷调解中心。2020年，银调中心共收到来案2.3万余件，受理调解12485件，开展调解10784件。其中，全部走完调解程序的调解量为7762件，调解成功6128件，调解成功率79%。银调中心的业务范围包括受理银行业客户投诉，调解银行业纠纷，支持开展银行业金融知识普及、消费者权益保护理论研究、咨询、培训和国际交流等。[②]

（2）调解员选任

银调中心参加调解的工作人员分为两部分。一部分是由信访科科长、基金科科长等工作人员兼任的调解员，另一部分是专门从事调解的工作人员，两者都是银行从业人员，银调中心的调解人员共计50名。为了解决调解工作人员人手不足、案件量过大的问题，银调中心建立了在线调解平台，努力引导金融消费者通过"银行业一站式纠纷调解平台"调处纠纷，推动传统调解方式转型升级。且新开发AI语音助手等系统功能，将部分简单重复性、辅助性的工作交由AI处理。2020年，银调中心在线调解案件约占调解量的

[①] 参见《国务院办公厅关于加强金融消费者权益保护工作的指导意见》，国办发〔2015〕81号文件，2015年11月4日发布。

[②] 参见微信公众号"上海银行业纠纷调解中心"，2021年1月27日。

91%，同比有较大提高。

（3）调解经费

银调中心处理纠纷调解案件并未向当事人收取费用，其调解经费由财政拨款支持。银调中心运转的成本费用主要为三部分：一是调解人员的工资，此成本占总运营成本的60%；二是银调中心的办公场所房屋租赁费用；三是系统费用。调解系统的开发与运行在3年内花费100多万元。除三大主要费用支出外，银调中心的其他费用支出为宣传、差旅、培训费用等。

（4）合作机制

银调中心已与多家法院、检察院、仲裁委员会形成了合作关系，建立了"诉调""仲调""检调"对接机制。现银调中心与上海市16家基层人民法院和上海金融法院存在合作关系，法院通过立案前立案庭委派、立案后业务庭委托让银调中心进行诉前和诉中调解。上海银行业纠纷调解中心"一站式纠纷调解平台"还与上海市二中院合作实现了"诉调对接掌上平台"的联通，能够在线完成案件委托、纠纷调解、协议签署、文书生成等委托调解程序。银调中心接到法院的案件后可以通过自身的"一站式纠纷调解平台"对接法院的系统，以此直接获取案件资料。调解完成达成调解协议后，调解中心会引导双方当事人到人民法院申请司法确认。银调中心还与上海仲裁委员会金融仲裁院建立合作对接机制，利用仲裁自主、便捷、不公开的优势，采用"先调解，后仲裁"的模式解决纠纷。2020年3月，与浦东法院探索建立"在线司法确认"工作机制，实现确认过程全程无纸化。2020年5月，成功调解一起由上海市人民检察院第三分院邀请协助和解的纠纷案件，"检调对接"工作机制实质性落地。

3. 中证资本市场法律服务中心有限公司

（1）情况简介

中证资本市场法律服务中心有限公司（以下简称中证法律服务中心）是经中国证监会批准设立的，我国唯一的跨区域、跨市场的全国性证券期货纠纷公益调解机构。其于2020年1月17日在上海由中证中小投资者服务中心全额出资注册设立。中证法律服务中心受理的纠纷数量及以调解为手段成功处理的案件数量约占市场总量的六成。此外，该中心还与各证监局、证券期货行业自律组织或调解组织合作在全国各地共建了以提供证券期货纠纷调解服务为主要业务内容的调解工作站。①

中证法律服务中心调解资本市场主体间因证券、期货、基金等相关业务产生的民事纠纷，包括投资者与上市公司之间的纠纷、投资者与证券期货经营机构之间的纠纷、投资者与资本市场其他主体之间的纠纷以及中证法律服务中心认为可以受理的纠纷。② 中证法律服务中心主要职能包括：第一，建设投资者服务平台；第二，作为投资者的受托人通过调解实现解决纠纷的目标；第三，统计调解业务并组织业务研究和交流；第四，为投资者自主维权提供法律服务；第五，其他经相关部门批准的经营活动。

（2）调解员的任职与培训

中证法律服务中心现有近50名专职调解员（也称专业调解员），专职调解员的工作单位均为中证资本市场法律服务中心。专职调解员除须符合证监会及中证法律服务中心任职回避的规定等要求外，还需要掌握法律、金融、经济、财经类相关专业知识。除专职调解员外，中证法律服务中心还聘有400余名兼职公益调解员，极大地壮大了中证法律服务中心调解队伍。中证法律服务中心的兼职公益调解队伍会聚了来自全国各地、各行各业的人才，兼职调解人员来自不同的证券期货基金业协会、证券期货公司、律师事务所、法院、大学、证监局、商会。中证法律服务中心还与全国各地证监局、协会共建了35个调解工作站，方便兼职调解人员就地开展工作。

对于兼职调解人员的培训，有辖区年度培训和全国培训两种模式。辖区年度培训由培训班所在辖区的全部调解员参加，如2020年8月21日中证资本市场法律服务中心联合山东省证券业协会在威海举办了山东辖区证券纠纷调解员培训班，中证资本市场法律服务中心在山东辖区聘任的15名调解员

---

① 参见中证资本市场法律服务中心网站，http：//lsc. isc. com. cn/tj – html/zxjs/，2021年1月27日。

② 参见《中证资本市场法律服务中心调解规则（试行）》，中证资本市场法律服务中心网站，http：//lsc. isc. com. cn/tj – html/zxjs/，2021年1月27日。

全部参加了此次培训。全国培训要求各辖区的调解员赶赴一地参加培训，如2020年11月，中证资本市场法律服务中心在贵阳举行了第一期全国调解员培训班暨调解工作座谈会，来自全国的150余名调解员及32个辖区的证监局投保处室负责人参加了培训。

（3）调解协议的效力

根据《中证资本市场法律服务中心调解规则（试行）》，当事人签署的调解协议或和解协议，具有民事合同的性质，当事人应按照约定履行，中证资本市场法律服务中心或分支机构有权跟踪回访调解协议或和解协议的履行情况。当事人拒不履行调解协议的，中证资本市场法律服务中心有权记录当事人的诚信信息。[①] 当事人通过向有关机构申请司法确认、赋强公证、资金提存公证、证据保全公证、仲裁确认等方式保障调解效力的，中证资本市场法律服务中心或分支机构可予以协助。采用电子签名或视频录像的形式确认的调解协议与书面调解协议具有相同的法律效力。

（4）对外合作

上海金融法院、宁波市中级人民法院、海口两级法院、成都市中级人民法院已经和中证资本市场法律服务中心建立了合作关系。在中证法律服务中心与宁波市中级人民法院的诉调对接合作协议中，双方就证券期货纠纷委派和委托调解工作进行了进一步的规范。由此，各方在诉调对接工作中的定位与职责将更为明晰。

在与成都市中级人民法院的合作中，中证法律服务中心作为"和合智解"e调解工作平台特邀调解组织积极开展工作。在尊重当事人意愿的情况下，双方将采取立案前委派、立案后委托、诉中邀请等方式，引导或者推荐证券期货纠纷当事人优先选择特邀调解组织调解的方式解决纠纷。此外，特邀调解组织及调解员登记备案机制、诉调对接机制、无争议事实记载机制、诉调网络信息平台共享机制和联席会议机制也在逐步完善中。除

---

① 参见《证券期货市场诚信监督管理办法》，中国证券监督管理委员会令第139号文件，2020年3月20日发布。

前述法院外，海口市中级人民法院也将中证法律服务中心纳入了特邀调解组织名册。

（三）上海商事调解实际运行情况

1. 调解人员的选聘与考核

《上海市司法局关于规范本市调解组织发展的规定》要求调解员应在司法行政部门公布的调解员名册中选定，由司法行政部门组织对调解员进行考核。但由前述列举的三个组织可以看出，实践中大多商事调解组织的调解员由调解组织自行选聘，无须征得司法行政部门的同意，其考核工作也由调解组织自行开展。此外，因上海市没有统一规定调解员的任职标准，所以不同商事调解组织调解人员的具体任职要求也不同。

2. 调解人员的培训

根据前述文件，司法行政部门应当定期组织对调解员的培训。事实上，各调解组织的培训活动也大多为自行开展。如上海经贸商事调解中心就明文规定由调解中心组织培训活动，调解中心秘书处负责制定培训计划，调解员培训可委托相关教学或研究机构进行。且规定调解员每年应完成累计不少于16个学时的培训；初次被聘任的调解员必须参加调解中心专门组织或认可的任职培训。[1]

3. 调解期限

《上海市司法局关于规范本市调解组织发展的规定》要求调解组织自收到调解申请或委托调解书3个工作日内决定是否受理，并书面告知当事人和委托调解部门。调解组织应在受理调解后的30个工作日内调解完毕，但是双方当事人同意延长调解期限的，不受此限。上海经贸商事调解中心并未要求调解组织于一定工作日内决定是否受理案件。根据《上海经贸商事调解中心调解规则（试行）》，上海经贸商事调解中心调解员应在第一次开庭调解或以其他

---

[1] 参见《上海经贸商事调解中心调解员培训管理办法》，上海经贸商事调解中心网站，http://www.scmc.org.cn/page112?article_id=70&menu_id=45，2021年1月27日。

形式开始调解工作后30天内结案。对于重大、疑难案件,经调解员申请及调解中心主任同意的,可以顺延。只是顺延的时间,不得超过30天。中证资本市场法律服务中心所要求的调解期限又有所不同,该中心要求调解员应自接受选定或指定后30日内完成调解,其调解期限的起算点是调解员确定时间而非调解工作开始时间。且其延长要求也不同,该中心要求经当事人申请且本中心或分支机构同意可延期,延长期限原则上也不超过30日。此外,该中心还规定疑难复杂纠纷应自调解员选定或指定后180日内完成调解。经当事人申请且本中心或分支机构同意可延期,延长期限原则上不超过90日。①

三 完善商事调解制度的相关建议

基于对上海商事调解发展现状的观察,可以发现:一方面,由于商事调解缺乏统一的法律规范,各类商事调解组织参差不齐,与法院、仲裁委员会对接能力不一;另一方面,由于缺乏对调解员统一且明确的任职要求,调解员的工作能力参差不齐。此外,目前阻碍商事调解发展的一大难题是,未进行司法确认的调解协议没有强制执行力,一旦当事人不主动履行,则调解协议将沦为一张白纸,所有为调解协议而付出的努力皆功亏一篑。针对前述问题,本文尝试提出以下建议,以期促进上海商事调解制度的完善。

(一)合理划定不同商事调解组织的受案范围

商事调解的对象是商事纠纷,现行制度已经通过开放式列举的方式界定了商事纠纷的范畴。根据《最高人民法院关于人民法院进一步深化多元化纠纷解决机制改革的意见》第9条的规定,现行制度不对商事调解组织的资质做特别规定。因此,在存在多个商事调解组织的情况下,有必要合理划定各调解组织的受案范围,最大限度发挥调解组织的人力优势。例如,以证

---

① 参见《中证资本市场法律服务中心调解规则(试行)》,中证资本市场法律服务中心网站,http://lsc.isc.com.cn/tj-html/zxjs/,2021年1月27日。

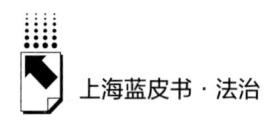

券业协会、期货业协会为代表的行业协会应当专注于受理本行业领域的商事纠纷，而以商会为代表的调解组织应当起到查缺补漏的作用，而不宜直接将由行业调解处理的商事纠纷直接作为自己的受案对象。

（二）完善专职调解员制度

1. 健全选任标准与退出机制

在现行制度框架下，商事调解已经作为一种独立调解制度与人民调解并立。因此，调解员的选任标准也应当更加契合商事纠纷的实际解决需求。现行制度仅列举了适合成为专职调解员的职业群体，例如律师等法律从业者，而没有基于商事调解的具体特征做出更有针对性的规定。在具体的商事行业调解领域，未来可要求专职调解员具备相关领域的从业资格。例如，证券业协会的专职调解员应当具备证券从业资格。如有需要，未来也可以对调解员在相关领域的从业年限做出具体的规定。而对于综合类的调解组织，例如商会主办的调解组织，则可以要求其调解员具备法律职业资格，并可以对其学历和工作经历做出要求。

与选任标准相对应的是专职调解员的退出机制。专职调解员退出机制的设计重点在于剔除不能正常履职的调解员。所谓不能正常履职的具体情景包括在调解过程中违反法律法规偏袒一方当事人造成对方当事人的损失、违反调解规则的规定不能勤勉履职等。鉴于商事纠纷的复杂性，专职调解员的退出规则不应当设置得过于严苛，仅规定严重违反调解制度的个别情形即可。

2. 健全薪酬待遇制度

保障专职调解员的经济收入是激励调解员勤勉尽责的重要因素，也是规避调解员违规操作的手段之一。因此，在商事调解付费的前提下，应该将专职调解员的薪酬明确作为一项收费细目向当事人明示。除此之外，不同资质的调解员薪酬也应当有所区别。薪酬制度应当对专业素质高或调解效果好的调解员做出奖励。

在既有调解规则中，部分调解组织允许当事人与调解员自行约定报酬。具体而言，调解规则可以明确规定专职调解员的最低报酬，同时也允许当事人在此基础上与调解员自行约定额外的报酬。

3. 建立健全调解员名册与信息披露制度

商事调解组织应当对符合准入要求的专职调解员编订调解员名册并明确记载影响当事人选择调解员的关键信息，例如学历、资格证书、工作经验和经办案例等。除此之外，为了最大限度保障调解员的中立性，调解组织应当健全专职调解员的信息披露制度和利益冲突检索制度。该制度至少应当包含调解员主动披露的义务、调解组织对利益冲突的主动审查和当事人申请信息披露制度。

（三）健全商事调解规则

1. 最大限度发挥调解条款的效力

部分调解规则已经尝试对调解协议的效果进行制度建构，但该种建构并未起到应有的效果，因此未来可以尝试对调解条款的法律效果进行制度改造，以最大限度发挥其法律作用。第一，调解条款可以约定争议发生后当事人选择解决争议的调解机构和所适用的调解规则；第二，调解条款可以约定违反该条款的违约责任，以最大限度引导当事人诚信对待调解避免制度空转；第三，当事人可以对调解规则中未规定而交由当事人自行约定的程序规则进行约定，以方便调解员高效调解。

2. 提高调解流程的运转效率

争议案件可以先行进入诉讼程序的送达环节，让调解程序发生在诉讼程序的开庭前准备环节中，双方当事人若能达成调解则直接进入确认调解书效力环节或自行履行环节，若不能达成调解协议则可直接进入诉讼程序进行裁判。简而言之，就是要尽量规避申请与受理、通知与送达等准备性环节的重复运转。

3. 创建敦促当事人主动履行调解协议的制度手段

调解组织监督履行义务的切实履行和当事人积极履行调解协议的关键在于重新调整当事人之间的利益杠杆。商事交易是一个稳定而持续的过程，一个正常的商业主体在其存续期间不可能只发生一次交易行为，只要有交易行

为就会产生纠纷。让不履行调解协议的一方在未来的商事交往中承担"不利益"是该项制度设计的基本思路。未来商事调解制度的建构可以尝试从以下几个方面入手：第一，调解组织可与工商部门进行数据联动，将商业主体不履行调解协议约定义务的行为作为一种不良信用记录计入该主体的工商信息中并在官网上公示，其交易相对方在全国企业信息公示系统中进行检索就可以查看该主体的调解协议履行不良记录。第二，调解组织应当建立当事人信用评价数据库，并将不配合履行调解协议的主体计入该数据库中，未来其他相对方申请调解时及时向其释明该主体的信用状况以引导当事人理性选择争议解决途径。第三，对有不良记录的主体加收调解费用。

4. 最大限度降低不同纠纷解决机制的转化成本

商事调解机制不能解决所有的商事纠纷，因此多种纠纷解决机制的相互转化是一种客观的现实需求。虽然当事人并未在商事调解阶段达成调解协议，但是其在调解过程中仍然支出了高昂的时间成本。因此，已经终结的调解制度必须对后续的纠纷解决做出贡献。调解信息档案与审判系统的信息共享以及无争议事实记载机制，都是巩固前一阶段调解成果的有效制度安排。

案例篇
Reports on Case Studies

B.11
以"非现场执法"助推智慧城管的探索与实践

——以上海市闵行区为例

余嬿 彭辉 王雪*

摘 要： 利用"一网统管"技术实行"非现场执法"，是信息化发展的必然选择。本文以上海市闵行区综合执法队实践为例，阐述了上海市闵行区综合执法队在"一网统管"、非现场执法智慧应用体系、联勤联动机制、共享数据信息化执法以及联合惩戒机制的应用下，取得了为执法双方主体提供便利、突破区域执法的壁垒，以及提升人民群众幸福感、大力推动"法治上海"建设的成效。针对非现场执法的不足，应探索在上海全市范围内建立健全城管非现场执法的法律体系、健

---

* 余嬿，闵行城管执法局副局长；彭辉，上海社会科学院法学研究所研究员；王雪，上海政法学院。

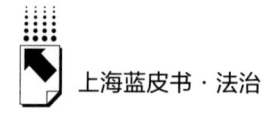

全"一网统管"联勤联动指挥处置机制、推动"智慧城管"体系创新应用、重视网络安全以及加强对非现场执法方式的监管等合理途径。

关键词： 非现场执法　智慧城管　联勤联动　法治上海

习近平总书记在参加十二届全国人大五次会议上海代表团审议时指出，走出一条符合超大城市特点和规律的社会治理新路子，是关系上海发展的大问题。[①] 为了贯彻落实习总书记讲话精神，上海市于2018年1月发布《贯彻落实〈中共上海市委、上海市人民政府关于加强本市城市管理精细化工作的实施意见〉三年行动计划（2018—2020年）》[②]，明确指出到2020年，上海在城市治理各个方面的常态长效管理水平全面提升，打造更加具有上海特色的工作、生活、游玩环境，更进一步提高市民对城市管理的满意度。在党中央和上海市委的领导下，近几年上海市勇挑重担，在城市治理体系建设方面充分发挥领头羊的作用，大力发展信息化建设助推城市治理能力现代化，其中最具代表的是智慧城管体制机制的建立。城管执法作为与市民生活息息相关的领域，其行业治理水平备受关注，如何在大数据时代把握机遇、加快发展、提升城市治理能力和治理水平已经成为城管信息化的首要任务。为进一步加快实施上海市三年行动计划，上海市闵行区以党中央、国务院的重要讲话精神为指引，全面落实市委、市政府关于城市治理的重要指示，狠抓机遇，稳步落实，利用当前"一网统管""一网通办"的信息化智能平台推动智慧城管体系建设，形成了"非现场执法"工作方式，开启了城管高效便捷执法的新模式。

---

① 参见http：//news.12371.cn/2017/03/05/ARTI1488719983631620.shtml，2021年2月3日。
② 参见https：//www.thepaper.cn/newsDetail_ forward_ 1977729，2021年2月3日。

一 "非现场执法"制度的源起

(一)"非现场执法"制度的概念

鉴于社会快速发展对提高行政执法效率、强化秩序管理的迫切要求,避免"人情"因素和现场冲突给执法带来的困扰,同时也为解决传统执法模式取证难、送达难和执行难的问题,"非现场执法"方式应运而生。"非现场执法"是指行政机关运用现代信息系统,通过监控、摄像、录像等技术手段及时发现违法线索,在执法人员不直接接触行政相对人的情况下,收集、固定违法事实证据,经调查、审核、告知、执行程序后,对违法主体依法给予行政处罚的执法方式。

(二)"非现场执法"的价值功能

通过对传统执法和非现场执法进行对比(见表1),我们可以直观感受到非现场执法方式的价值功能主要体现在以下三个方面。

表1 传统执法与非现场执法对比

名称	传统执法	非现场执法
执法理念	轻程序,重惩罚	重程序,重警示
执法机构	以单一机构执法为常态,以部门合作为例外	以大联动为常态,以单一部门执法为例外
执法形式	现场执法	电子巡查
文书送达	现场或邮寄送达	电子送达
证据固定	执法记录仪配合线下查验	线上视频监控,违法抓拍
罚款缴纳	线下缴纳	线上银联等多平台缴纳

1. 简化了传统的行政执法程序

在城市管理中,违法违规行为大多具有突发性、多发性,对此需要通过迅速执法予以规制。传统行政执法对于调查和取证的规定比较严苛、办事效率不高，行政执法程序冗余，极易导致决策不及时，造成行政执法繁而不快，从而直接影响当事人的合法诉求和核心利益。① 与传统执法方式相比，非现场执法方式一方面利用信息化平台，实现了证据固定、文书电子送达和罚款线上多平台缴纳等全过程覆盖，大大缩短了执法的期限；另一方面注重城市管理大环境的稳定与和谐，及时使用电话通信来纠正当事人轻微的违法行为，节省了执法人员现场调查的时间成本。

2. 克服了传统的行政执法协作瑕疵

行政执法部门间的有效合作对于跨区域违法行为、流动违法行为具有极高的针对性，是规制违法行为的重要举措。由于行政体制分散，以单一机构为常态、以部门合作为例外的传统行政执法部门之间缺乏有效的协调与配合，造成信息无法及时沟通，使得整个执法过程低效，重复同样的调查，浪费社会资源，增加相对人负担。在大数据时代背景下，通过信息化智能平台实现信息共享可以突破传统执法方式对相对人信息获取的技术障碍，从而实现部门之间的信息共享与数据交换。以大联动合作方式为常用执法方式的非现场执法，通过互联网信息平台实现联勤联动机制，克服了传统执法方式信息滞后及配合度低等困难。

3. 诠释了全新的行政执法理念

传统的行政执法采用现场执法的方式，证据提取及文书送达都现场完成，罚款通过线下银行缴纳。传统执法的理念注重现场执法的结果，对执法程序的严谨度要求不高。执法工作人员容易先入为主，滥用自由裁量权，对于边缘行为、轻微违法行为严格按照规定执行，执法缺少人性化，与立法意图相悖。非现场执法通过电子巡查、电子送达及线上取证、线上平台缴纳罚款等非接触执法手段来进行，诠释了新的执法理念，即重程序、重警示。其

---

① 朱思怡：《行政效能视域下的行政综合执法程序研究》，天津商业大学硕士学位论文，2018，第21页。

注重城市管理大环境的稳定和谐，不以惩罚当事人为目的，而是通过监控与督导，实现警示群体的目标。非现场执法严格执法、精准执法、公正执法、智慧执法，构建现代、高效的智慧街道城市管理体系，做到合法、及时、准确、全面的依法行政。[1] 利用城市管理行政执法的新型方式，有利于实现法律与道德的双向指引，进而体现"以人为本""为人民服务"的法治上海特色。

二 上海市闵行区城管非现场执法现状

（一）闵行以非现场执法推动智慧城管建设基本情况

2020年初受疫情防控启发，上海市城管非现场执法在浦东、杨浦、闵行、虹口、徐汇等区试点推进后，已办理案件692起。2020年3月，闵行区城管执法系统非现场执法试点工作正式启动，全区共14个中队参加试点，各中队因地制宜，制定试点方案并于4月9日全面推进非现场执法试点工作。试点工作主要涉及"市容环境"和"文明施工"两大执法领域。内容主要包括跨门营业、设摊堆物、建筑施工、渣土运输车辆未密闭或覆盖、渣土（泥浆）运输车辆跑冒滴漏、"五乱"等具体执法事项。截至2020年5月20日已有梅陇、七宝、马桥、吴泾4个中队完成6起非现场执法一般案件，罚款15460元。本文将闵行区作为非现场执法推动情况的范例，阐述主要涉及的执法领域及执法具体事项。

1. 形成"一网统管"信息平台

"一网统管"将数字化应用到治理理论中，利用大数据、云计算、区块链、人工智能等前沿技术，助力城市治理结构重塑，包括技术手段、管理模式、行政方式和体制的创新。[2] 该系统以政府、市场和社会为治理主体，构

---

[1] 《关于"非现场执法"的那些事》，http：//k.sina.com.cn/article_1655444627_62ac149302001y7mi.html，2021年1月29日。

[2] 郑国：《"一网统管"提升城市治理能力》，《青岛日报》2020年8月7日，第8版。

建统一的数据库，根据查询到的社会事务和公共需求，为城市治理相关政府决策开辟新方向。上海市闵行区以"一网统管""智慧城管"为平台，横向与综合治理、公安、建设、规划、环保、市场监督、绿容和房管等部门开放数据对接和信息共享，建立联勤联动机制，全面解决监督项目的列表问题；纵向打通区局、中队两级平台数据壁垒，加快推进数据、视频资源整合，层级间强化垂直支撑、指挥监管，实现了科学性、基础性、体系性的自我革命与治理创新。

2. 构建非现场执法智慧应用体系

目前，非现场执法主要应用在街面市容、文明施工和特殊车辆智能化管理等场景。应用体系主要分为以下几个步骤（见图1）：第一，通过架设"一网统管"智慧街区系统，城管指挥室执法人员实现全天候无间断电子巡视沿街高清监控探头，并通过图像识别软件算法，采集违法行为视音频、图片资料等电子数据，实现了"云端"预警和"隔空"取证，并判定违法事实反映到指挥中心。其中，要借助多方力量监管不同的应用场景。对于施工场地，利用建管委工地实时监管探头，查看工地大门、住宿区及塔吊的具体情况。并根据环保部门的噪音及扬尘探测设备，探测工地的噪音及扬尘值，对文明施工行为进行分析研判。对于特殊车辆的监管，借助特殊车辆智能化管理平台，智能抓拍渣土车辆违法违规行为。第二，通过"一网统管"，会同公安平台、监管对象数据库、市场监管平台以及建管委平台和特殊车辆智能化管理平台建立执法对象监管数据库，锁定违法行为人个人信息。指挥中心将数据库中的当事人个人信息资料以及执法车视频探头、无人机等补充的证据筛选后，确认当事人违法事实，通过电话、微信或电子平台告知当事人违法事实并制作询问笔录。对于街面市容和特殊车辆的案件，可由线下的行业协会，即"路管会"直接告知当事人。第三，执法队员邮寄或电子送达行政处罚事先告知书，后续再次通过邮寄或电子送达行政处罚决定书。值得注意的是，在检查、基础数据排摸过程中，预先签订《送达地址确认书》，为后续执法工作开展提供前提保障。第四，违法当事人按照法律规定接受处罚，缴纳罚款后按流程结案；对于未缴纳罚款的，申请非诉执行。

以"非现场执法"助推智慧城管的探索与实践

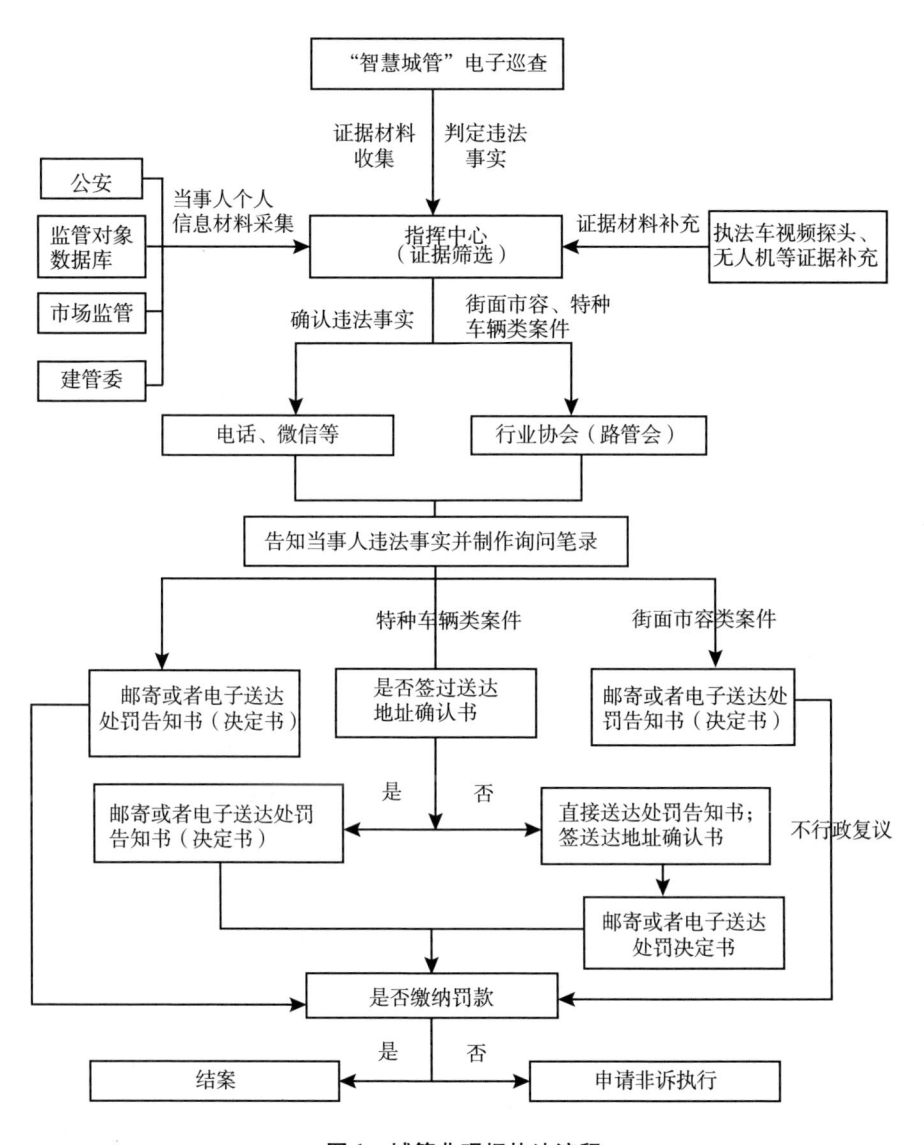

图1 城管非现场执法流程

3. 实施非现场执法的联勤联动机制

目前上海市闵行区在以非现场执法推动智慧城管方面已经积极开展探索，在联勤联动方面已经形成"一大四小"机制（见图2），即以公安城管合作、区镇合作以及部门合作构建的"大联动机制"，在顶层设计方面，

177

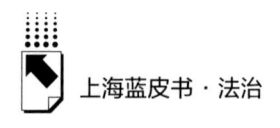

由区政府作为领导机构，下设非现场执法工作领导小组，主要由4个科组成。

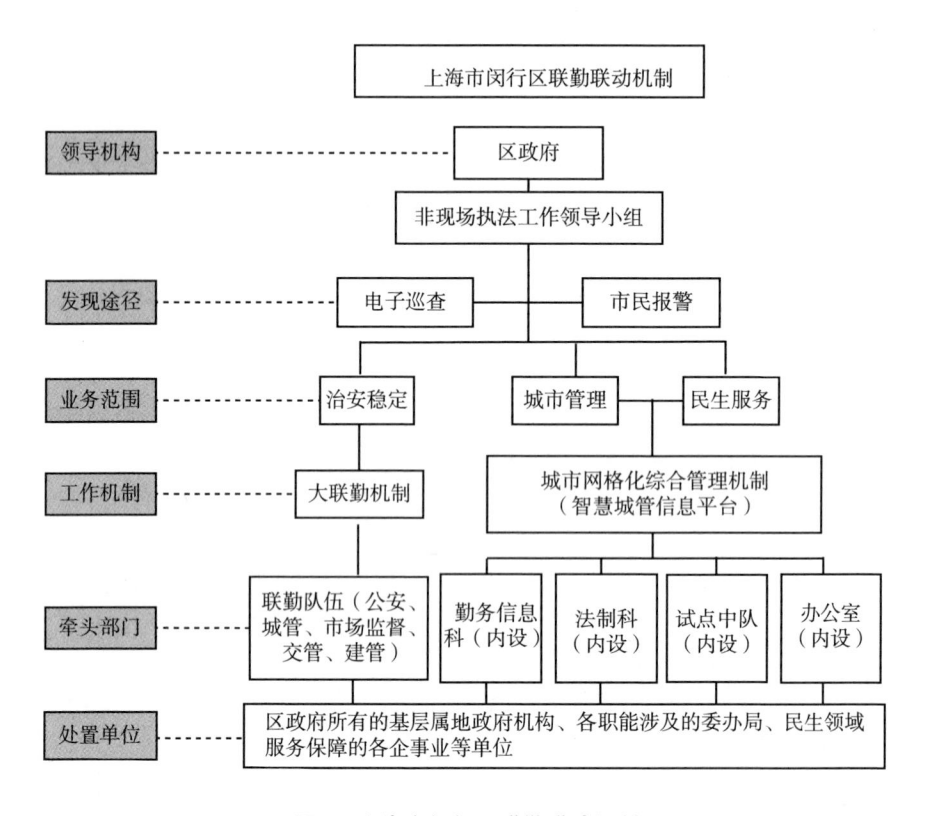

图2 上海市闵行区联勤联动机制

（1）实施跨部门的"大联动机制"

为了城市的治安稳定，城市管理部门与绿容局、建管委、交通委、公安等部门实行"大联动机制"，建立案件双向移送告知机制。具体目标是对平台及现有技术进行资源整合，实现管理信息的收集共享，联动社会各方力量，以民生服务为核心，高效联动执法。针对重大案件、重复投诉、重点问题沟通双向告知并实施联合惩戒，形成执法监管合力。在社区管理领域，城管将物业服务企业的处罚信息及时反馈至区房管部门，将处罚信息纳入年度物业企业综合服务评价体系，作为该区物业公司"创星评级"的重要指标。

在工地违法违规领域，城管与建管部门形成合力，对施工单位、车辆使用人、所有人拒不接受调查的，由管理或执法部门约谈建设单位、施工单位或运输单位，督促其履行义务，打好执法组合拳。将企业处罚信息纳入市公共信用平台，实施信用惩戒，同时作为文明工地申报、评选的参考依据。

（2）建立指挥中心与领导小组联勤联动机制

"一大四小"机制主要是勤务信息科、法制科、办公室和试点中队4个科组成的领导小组，以此更好地落实上海市城管执法系统非现场执法试点工作方案，形成可借鉴、可复制、可推广的经验做法。城管执法指挥中心建立了由勤务、指挥、督查等局机关组成的重点工作信息化监管机制，以此深入贯彻落实城市精细化管理要求，紧扣政务服务"一网通办"、城市运行"一网统管"的目标方向。领导小组与指挥中心的良好沟通是城市管理体系运作的基础。城管指挥中心的后台人员对采集的电子证据进行审核、筛选。符合证据标准的电子证据，由领导小组介入，对该行为的合法性进行快速认定，同时从"一网统管"执法对象监管数据库中调取违法主体基础信息，提升执法办案取证效率。

（3）实施"智慧街区"与"路管会"管执联动机制

智慧信息平台将互联网监控管理和路管会线下执行整合为城市网格化管理。由智慧街区信息平台确定违法事实及当事人个人信息并按照程序进行行政处罚及规制，由路管会在线下对违法经营者进行批评教育，并形成典型案例宣传给其他商店，警示周围主体遵纪守法、文明经营。"智慧街区"与"路管会"管执联动机制，实现线上预警和线下教育的相结合，实现规范执法和管理服务的双重促进，维护了城市的有序管理，保障了民生服务。

4. 实现数据共享，推动城管信息化执法

（1）信息化调取证据，实现城管数据共享

"非接触式执法"的强联动性特征，推动实现信息共享。实现与"一网统管"平台上公安、建管、房管等9个委办局及各街镇的数据对接，推进工地探头、道路扬尘2个感知设备数据共享。借助前端动态视频监控、人脸识别系统等进行实时视频巡查，通过信息采集设备快速抓取案件线索，把采集到违法行为的视音频、图片资料等电子数据回传到城管指挥中心。区城管指挥中心对采集的电子证据进行审核、筛选，与管理部门共同对该行为的合法性进行快速认定，实现快速取证。接着加强联动，实现实时在市场监管部门、交警部门及公安部门间传输企业信息、车辆信息及个人信息等。同时重点关注信息的及时更新，督促公安、监管等部门在获取新信息数据后主动更新原有城管数据库。

(2) 利用智能终端平台，实现城管信息化执法

准确利用智能终端平台，加大部门信息整合力度，切实提高城市综合管理水平。一方面，建立健全执法对象监管数据库，形成运用信息化手段代替传统检查全环节的新型信息化监管机制。城管指挥中心积极探索视频监控、人工智能技术的深度应用，将非现场执法按照案件类型和行业领域分类监管。指导中队对流动摊贩、沿街商户、在建工地、渣土运输车辆、"五乱"等基础信息进行收集、排摸、录入、更新，填补监管对象信息化管理的空白，建立符合执法工作需要的管理对象数据信息系统。另一方面，建立多形式罚款缴纳机制，执法人员通过短信、彩信、微信或"送达云平台"等送达方式，向违法主体送达相关法律文书，告知其违法事实，拟作出行政处罚的事实、理由、依据及依法享有的权利，要求违法主体在限定时间内到执法部门接受处理，实现云端"精准送达"。

(二) 闵行区城管非现场执法主要成效

1. 提升基层城管执法工作人员办案效率

非现场执法很大程度上便利了基层城管执法人员。在城市管理和社会治理中，将智慧监管系统投入街道中，对于非法占路、跨门经营、夜间施工、车辆清洗和垃圾箱房分类投放等场景加以管控，可在第一时间自动发现街面的一些违法违规情况，为后续执法提供有效的证据链，无须通过人力巡查方式发现问题、修正行为。对于工地的文明施工情况，通过视频开展巡查，容易提高发现违法行为的及时性，以及取证的成功率。对于管辖区域面积相对于中队执法人员数量来说较为庞大的区域，普遍用科技代替人力，节约执法

力量，大大提高了调查和监管的效率。同时，在高发地区配备监控设备，相当于全天候监测，对保障城市秩序、预防和避免违法行为起到极为重要的作用。可以肯定，"云监控"和"非接触"的执法方式，使得执法队伍的力量得到合理再分配，无须消耗过多人力现场执法，取得了调查简单、取证精确、处罚便捷的成就，提升了城市管理效率。

2. 为当事人提供便利化服务，保障当事人合法权益

非现场执法在缓解执法机关压力的同时，也为违法当事人提供了便利化服务。第一，在违法行为的处理上，通过非现场执法，适用比例原则，对不同程度的违法行为进行甄别，使行政处罚满足合法化的同时达到合理化。对于轻微违法违规行为，执法人员通过电话、微信等预留的联系方式将违法事实情况推送给违法当事人，督促及时整治改正，达到预防作用，防止当事人的行为继续发展造成危害结果；对待再三发生违法违规行为的"惯犯"，要严肃处理，可运用多样化方式有效调查取证，避免当事人逃脱法律的制裁。这一行为一定程度上降低违法当事人不配合的可能性。第二，在文书送达方面，传统的执法方式需要现场勘查，调查取证，作出行政处罚决定，并当场送达处罚决定书。由于非现场执法的应用，执法文书的送达也转变成用电子送达或邮寄送达的方式，降低了商家店铺违法行为的曝光度，也避免了群众围观造成市面的混乱，降低了对市场主体正常生产经营的影响。第三，在处罚方式上，对于无争议的违法事实及时利用网络平台通知当事人缴纳罚款或者纠正错误。线上缴纳罚款，节约了当事人的时间成本及路费，让违法当事人履行接受处罚的义务更加便捷和高效。

3. 突破区域执法的壁垒，形成跨区域执法协作

随着经济社会的不断发展和城市化进程的逐步深化，城市管理过程中面临的问题日益错综复杂。城市管理问题具有易发性、多发性，而在传统的执法模式下，城管部门多单行执法。在现行人员体制结构框架内，有限的城管综合执法人员无法及时应对处理众多且复杂的行政执法事项，导致在传统执法过程中极易超期限执法，行政执法程序不规范。在城市治理体系和治理能力现代化方面，闵行区将城市治理重点放在市容市貌、公共秩序管理、特种

车辆管理、生态环境管理等多个领域，通过信息化智能平台组建"智慧城管"应用体系，积极对接公安、法院等部门，借助其他政府工作部门的力量或与其他部门共同完成任务，以非现场执法方式来推动跨区域执法。在实际执法中，非现场执法方式整合了城管、综治、应急三方资源，统筹执法、管养、社会三方力量，建立联勤联动机制，为街面、居委、村委、楼宇四类网格提供执法保障。

4. 有效维护上海市容市貌，提升人民群众幸福感

非现场执法利用电子监控有效监管并整治违法占地经营场地。对夜间烧烤、乱设摊、群众投诉多发等重点监管点位进行查看，发现问题点位的进行详细记录并立即前往现场处置。在经验的积累下，城管执法部门制定非现场执法监管事项清单，建设监管对象分类体系。监管事项与监管对象完全匹配，按照统一规范将全区所有监管对象纳入信息化平台并按照监管事项清单一一分类。对于多发的严重影响街面道路环境、百姓居住环境的地区，多加监管和整治，进一步警示重要整治区域的店铺及工地等，保护人民群众基本生活环境，使其获得幸福感。智慧城管重新开辟了一条市民与政府的沟通渠道。① 对于各类市民的反映，第一时间处理解决、第一时间沟通答复，不但有效维护了城市街面及工地等的市容市貌，也缓解群众的负面情绪，提升群众维护权利的主动性。因此，执法部门接到的投诉有大幅度下降，闵行区梅陇镇的投诉量相较往年同时期下降20%，闵行区新虹城投诉案件数同比下降61.89%，群众满意率明显上升。

5. 大力推动"法治上海"建设

非现场执法实现了城管信息化执法的全流域式覆盖。在违法线索发现方面，非现场执法通过线下群众举报和线上巡查相结合的工作模式，极大地提高了城管执法的效率。在证据固定方面，执法人员通过视频回放功能对违法行为的证据予以固定，或利用电子巡查方式通过智能平台设定程序

---

① 杭州市上城区综合监管服务中心：《打开新思路 运用新方法 上城区智慧城管建设启示》，《信息化建设》2017年第2期。

实现对违法行为自动抓取截图，这种方式对于证据的固定更加有效，证据链形成的容错率低。在执法程序上，非现场执法严格遵守规定的流程，按照看、查、送、罚流程稳步进行，避免了现场执法中工作人员不按照法律规定处罚、不按照法定程序执法的情形。[1] 在城管执法过程中，城管执法人员的法治理念不强，极易造成执法人员和当事人因执法而产生争吵的情况，使得当事人抵触甚至违背处罚结果，而非现场执法方式对执法人员的素质、能力、执法理念等方面都有了更高的要求。在城管信息化执法的过程中，执法人员摒弃传统的重惩罚轻教育的执法理念，对违法行为进行处罚惩戒的同时更加注重德育，形成了有温度的执法。新修订的《行政处罚法》将于 2021 年 7 月 15 日施行，第 41 条对利用电子技术监控设备收集、固定违法事实提出了具体明确要求，对此闵行区城管执法局也与市城管执法在前期多次进行沟通，确保非现场执法符合最新法规规定。[2] 这一方面强化了城管执法人员的法治理念，通过全面落实各项管理工作规定，规范了执法人员的基本准则，提高了行政部门的公信力；另一方面，城管执法人员通过宣传、定期展示城市管理违法行为典型案例，实现了德育 + 法律惩戒双重执法模式，进一步加深了市民遵法守法的内心确信，提高市民的法律意识。这种城管非现场执法方式在一定程度上推动了上海法治城市建设的进程。

三 城管非现场执法存在的问题及对策建议

（一）城管非现场执法存在的问题

非现场执法目前仍处于探索阶段，主要有几点不足：第一，迄今我国非

---

[1] 宋佳奇：《交通警察现场执法存在的主要问题及对策探究》，《辽宁警察学院学报》2020 年第 1 期。
[2] 《行政处罚法》第 41 条第 1 款规定，"行政机关依照法律、行政法规规定利用电子技术监控设备收集、固定违法事实的，应当经过法制和技术审核，确保电子技术监控设备符合标准、设置合理、标志明显，设置地点应当向社会公布"。

现场执法尚处于由行政主管部门在无法律授权的情况下依自行制定的程序进行执法的状态,缺乏对非现场执法的立法规定;第二,由于各部门职权间隔及获取信息高成本和分享信息零成本的不对等,部门怠于更新导致信息共享不及时;第三,城管执法人员日常监管仍有漏洞且电子巡查设备缺乏标准化;第四,"一网统管"智能化平台建立的数据库对数据安全、商业秘密保护以及个人隐私信息保护等造成潜在的危险;第五,实践中非现场执法的监管体系有待进一步优化完善。

(二)城管非现场执法的对策建议

1.健全"一网统管"联勤联动指挥处置机制

为解决城管信息共享不及时的问题,在实践中需要健全"一网统管"联勤联动指挥处置机制。首先,应加强制度建设并赋予其强制性,具体完善非现场执法的专门立法。由我国《行政处罚法》统一设定非现场执法基本程序,不仅可以提升非现场执法程序规则的法律地位,而且有利于从源头上规避非现场执法的程序不当。[①] 其次,利用"一网统管"来推动城管非现场执法建设,通过网络畅通分享部门的信息,有效保证了信息及时共享,稳定的信息共享平台是联勤联动机制发挥最大效用的前提条件。在内部机构设置上,应考虑在部门间的内部机构中合理设置交互关系。在公安系统内设立专门机构协助城市管理工作,或从公安部门派遣人员协助城市管理部门执法,更符合联动执法的惯常要求。在执法队伍建设上,做强线上智能管理"一网"和线下自治共治"一网"两网整合,集合街道、工业区的城市管理执法权。在全市一网统管下,建立一支由公安、城市管理执法、综合管理和市场监督组成的网格化管理小组,随时随地负责突发应急管理。在执法人员要求上,逐步提高执法人员的文化素质、法律素养和科技应用能力。执法人员实施非现场执法模式,需要改变固有的执法思维,培养熟练运用信息技术的能力,树立利用科技进行管理的执法思想。

[①] 茅铭晨:《从自定走向法定——我国〈行政处罚法〉修改背景下的非现场执法程序立法研究》,《政治与法律》2020年第6期。

2. 推动"智慧城管"体系创新应用

为完善电子路巡的监管范围及监管设备，可依托城管指挥中心，设立城市管理专项工作岗位来负责电子路巡等业务。一方面，结合"双随机一公开"沿街店铺巡查模块，运用治安探头及"一标六实"标准地址信息开展"电子路巡"。探索建立班组巡查区域块，发现问题点位后通过一键派发的方式由队员进行直接处置，处置完毕后手机录入并拍照上传，检查信息将计入单个点位的检查清单目录，为分级监管做好数据支撑。另一方面，结合"双随机一公开"工地监管模块，运用工地实时探头实施远程监管。工地电子巡查负责人可以结合夜间施工投诉情况及所查获的违法渣土车情况，及时翻看涉嫌工地的历史音像记录来发现问题，涉及违法行为的截取视频段作为相应执法证据留存。电子巡查负责人应有较强的逻辑判断能力，根据多次电子巡查所发现的工地情况趋势变化，判断工地是否在某时段内有过夜间施工或非法出土等违法行为，并及时翻看记录查找线索。

3. 开发非接触式执法应用场景

推动"智慧城管"的创新应用，还需要开发非接触式执法应用场景试点建设。结合已成型的执法设备，各中队应尝试探索增加低成本、可移动、可重复利用的数字化监管设备。在易发生噪音扰民、扬尘污染的场所，探索使用分贝传感、空气质量传感等现代化设备形成物联监管，形成电子预警机制。使用分贝仪进行物联网监管，可辅助工地探头开展夜间施工的预警功能，借助持续高分贝的预警信息，可实时查看工地内施工情况，发现违法行为的可立即进行处置。PM10探测仪则可以配合历史执法数据重点加装于扬尘易发堆场周边，亦可以开发违法预警机制，加装于渣土车常出没路段，重点掌握运输时间周期，为雷霆行动等渣土整治提供数据支撑。最重要的是，尽快制定高清探头相关国家标准，规范技术参数，规范使用条件，为执法部门选择设备、生产厂家生产设备提供标准依据。

4. 加强对非现场执法方式的监管

本着"做细事前，做实事中，做强事后"的原则，监督完善非接触式执法取证、认定、审核、送达、处罚等办案流程。安排专人负责信息化监管事项，督促队员认真记录维护数据库内容，夯实信息化监管基础，确保系统安全和监管数据安全。除一般监管事项外，注意对重点区域和重点时段的监管。一方面，对于重点区域及高风险单位的高频次监管，根据分级分类数据情况及日常检查问题点位的大数据分析趋势，各中队应适当加大问题区域的电子巡查频次，着重监管问题点位的复发回潮情况。另一方面，对于重点时段由重点单位监管，根据管理部门审批情况，应在工地出土、大气污染应急、重大活动保障等渣土车禁行或易发生违法行为的时间窗口加大电子巡查力度，如若发生疑似违法行为应立即至现场查看处理。在实践中总结经验做法，形成非现场执法操作流程，在全市范围内进行推广。

5.加强非现场执法舆论宣传引导

通过线上各种平台加强非现场执法典型案例宣传，利用线下路管会协助开展社会宣传教育。结合当前优化营商环境、创建全国文明城市等重要时间节点，加强非现场执法事项的舆论宣传引导，在充分保障执法相对人正当合法权益的基础上，重点突破群众关心关注的投诉热点难点问题，营造有利于非现场执法试点的社会舆论氛围，进一步强化广大市民对于非现场执法的支持与信任。

B.12
2020年杨浦区检察院典型案例评析

邵旻 涂龙科 董能*

摘 要： 2020年，杨浦区检察院秉持"强化法律监督、维护公平正义"的信念，深入学习贯彻习近平新时代中国特色社会主义思想和党的十九大、十九届四中全会精神，忠实履行法律监督职责，全面提升司法能力，各项工作取得新的进步。在这一年，杨浦检察院处理了一批重大、疑难案件，涉及公益诉讼、社会治理、惩处违法犯罪等多项职能。

关键词： 杨浦区 公益诉讼 检察机关履职 社会治理

一 杨浦区院与区多家行政机关共同推动洗车场乱象治理公益诉讼案

案情： 2020年初，杨浦区院在履行职责时发现辖区内居民对洗车行业污染市容环境的情况反映较为强烈。杨浦区院遂就辖区内洗车行业乱象开展专项公益诉讼工作，发现多家汽车清洗门店存在超范围经营、未依法办理机动车清洗备案手续、占道清洗车辆未依规设置隔油沉淀等相关设施的问题，致使社会公共利益持续处于受侵害状态。

1. 检察机关工作情况

开展调查核实。2020年4月，在接到相关情况反映后，承办检察官先

---

* 邵旻，杨浦区人民检察院第六部业务主任；涂龙科，上海社会科学院法学研究所研究员、杨浦区人民检察院副检察长（挂职）；意大利佛罗伦萨大学法学博士。

期走访辖区内汽车清洗场站进行初查，发现部分洗车场站设施证照不齐，以汽车美容为名从事洗车服务，逃避行政监管，遂立案开展公益诉讼工作。为进一步查清事实，杨浦区院拟定了调查取证方案，在司法警察协助下，持续一个多月多次深入辖区摸排洗车场站违法情况，固定公益持续受损状态的相关证据。经调查，辖区内仍有多家洗车场站存在未依法办理环保手续、机动车清洗备案手续，店内未依规设置隔油沉淀相关设施、超范围经营等问题。根据《中华人民共和国环境影响评价法》《中华人民共和国企业法人登记管理条例》《上海市机动车清洗保洁管理暂行规定》等规定，区生态环境局、区市场监管局、区绿化市容局、区城管局对上述问题分别负监管职责。为核实行政机关是否履职的情况，区院对近一年来市民热线投诉及中央环保督察线索情况进行梳理，发现行政机关在接到多起相关投诉后仍未能及时履行职责，违法状态持续存在。

启动诉前程序。区院对法律法规进行了分析研判，并与行政机关充分沟通，确认了各行政机关对涉案违法行为的监管职责划分。针对占道经营等轻微违法行为造成公益受损的，通过磋商机制及时向区城管执法局通报违法情况，督促其开展专项执法活动予以处理；针对未设置隔油沉淀设施、未办理环评及备案手续等问题，因涉及市场监管、绿化市容、环保等多项行政监管职能的交叉与衔接，通过磋商难以实现监督效果，故向上述行政机关分别制发诉前检察建议，推动行政机关形成执法合力，促进形成解决问题的长效机制。为促进法律实施，切实维护公益，经与区市场监管局、区建管委沟通（水务局），区院将在区市场监管局处登记的洗车服务商户名单告知区建管委（水务局），建议其对照名单督促引导经营商户及时申领污水排入排水管网许可证。

督促跟进整改。与区城管执法局磋商后，区城管执法局立即开展机动车清洗场所专项整治，并邀请杨浦区院派员监督。此次整治中，区城管执法局对183家经营单位进行了执法宣传告知，发出责令整改通知书21张，作出行政处罚决定10件。在督促整改过程中，杨浦区院走访区生态环境局，了解到生态环境部于2018年作出修改《建设项目环境影响评价分类管理名录》部分内容的决定,规定涉及环境敏感区和危险化学品运输车辆清洗场应组织编制《环境影响报告表》。但是,全市各区对洗车场办理环保手续的执法标准尚未统一。经与区生态环境局研商,因汽车维修保养服务涉及机油、滤芯等《国家危险废物名录》中规定的危险废物处置,故区生态环境局明确从事汽车维修保养服务的洗车场站应编制《环境影响报告表》。

2. 指导意义

公益诉讼事关人民群众切身利益。一方面,检察机关应以尊重和保障公民权利为依归,通过举报平台、市民热线、新闻媒体等渠道广泛收集和认真排查来自人民群众的公益损害线索,通过依法办案牢固树立法律的刚性和权威,促进依法行政。另一方面,检察机关履职也要做到不缺位、不越位,尊重行政机关依法行使行政权,确保案件在法律的框架内得到妥善处理。针对行政机关的违法行政或不作为,检察机关应首先督促行政机关自行纠正,对于可通过磋商督促纠正的,则无须发出诉前检察建议;如磋商后一定期限内仍未纠正或不宜磋商的,则依法向行政机关发出诉前检察建议。待法定期限已过,行政机关仍拒不纠正违法行为或不履行法定职责,检察机关可依法向法院提起诉讼。

对于行政监管存在的执法不够有力、工作合力不足等深层次问题,检察机关还可通过参加专题会议、参与专项整治等方式协同各行政机关落实各自工作任务,体现检察机关维护行政执法权威、推动环境治理的态度和决心,实现"办理一案、治理一片、惠及一方"。

二 福禄街195号红色遗址保护案

案情:福禄街195号是一处红色革命遗址,1946年在此创办的私立圣工小学(后为平凉路第一幼儿园),为党培养积极分子、发展共产党员作出了不少贡献,而它所在的福禄街193~209号为"上海市第五批优秀历史建筑",该建筑于2015年被划入拆迁范围,后区文物管理事务中心发函区旧改指挥部,拆迁工作停止,建筑得以保留,但建筑部分立面因施工遭到一定程

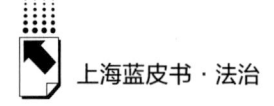

度破坏，建筑物部分门窗缺失，部分玻璃碎裂，风雨能进，同时，建筑物周围环境恶劣，建筑背面有大量建筑垃圾堆积。区院在调查核实上述情况后向区住房保障和房屋管理局制发诉前检察建议。

1. 检察建议

区住房保障和房屋管理局对区院制发的检察建议高度重视，在收到检察建议后积极履职，其委托专业单位进行房屋安全检测，出具检测报告，并根据检测报告制定保护措施和计划，对需一般修缮的，已进行针对性修缮，需要维护管理的，已在该保护建筑外围形成框架型保护围挡，进行全封闭管理保护，针对该建筑缺乏管理的情况，区住房保障和房屋管理局由专人进行24小时全程监控房屋保护。

2. 指导意义

上海是中国共产党的诞生地，是中国红色文化的源头。近一个世纪以来，红色文化一直是上海的城市底色和上海文化的重要组成部分。福禄街193～209号不仅仅是市优秀历史建筑，也是红色革命遗址、杨浦红色文化和历史建筑文化的一部分，属于社会公共财富，具有公共利益属性，应当属于公益诉讼保护的对象。近年来，区院探索通过公益诉讼保护辖区内优秀历史建筑及不可移动文物亦取得了较好的效果。2020年6月18日，市人大常委会发布了《关于加强检察公益诉讼工作的决定》，更是将历史风貌区和优秀历史保护建筑作为检察机关开展公益诉讼的探索范围，体现了上海的地域特色，既是对之前司法实践的一个重要肯定，也为之后检察机关开展相应工作提供了充分依据。

三 陈东升重大责任事故案

案情： 2019年6月，威幄克璞扬众创空间管理（上海）有限公司将"威幄克璞扬众创空间管理（上海）有限公司尚浦装修工程"发包给上海海直建设工程有限公司（以下简称海直公司）承建；同年8月，海直公司将上述工程中的BA项目（楼宇自动化控制系统）分包给北京江森自控有限公司，后江森公司的项目负责人叶××通知长期维保合作单位上海齐辰信息工程有限公司法定代表人被告人陈东升负责施工现场作业。2019年8月18日上午9时30分许，被告人陈东升带领工人徐光生到位于本市杨浦区江湾城路99号尚浦商务中心3号楼的现场检测空调VAV–BOX运作情况，发现6层的VAV–BOX24号设备电气线路未接通。10时30分许，被告人陈东升在明知徐光生无电工特种作业操作证，亦未通知海直公司电工到场且未知该设备强电电气线路状态的情况下，同意徐光生擅自进行接强电线作业。10时40分许，在人字梯上接强电作业的被害人徐光生不慎触电，被告人陈东升即对其采取心肺复苏等急救措施，现场其他人员拨打了"120"急救电话。当日11时56分，被害人徐光生经抢救无效死亡。

经事故调查认定，被告人陈东升作为现场作业负责人，安排无证人员从事电工特种作业，对事故发生负有主要责任。

1. 检察机关履职

介入侦查引导取证。检察官根据《人民检察院刑事诉讼规则》相关规定，建议公安机关立即对关键证人依法制作询问笔录，并补充询问被害人徐光生是否具备特种作业操作证等重要事实，为后续指控犯罪提供充分证据。

为印证《居民死亡医学证明书》记载的被害人死因，检察机关建议公安机关调取被害人徐光生的生前就诊记录，询问徐光生家属和同事，排除徐光生患其他易致死疾病的可能性；同时还建议调取事故当日抢救就诊记录，询问实施抢救的医生和案发当日在场人员，咨询医学专家意见，结合陈东升的供述，分析确认《居民死亡医学证明书》记载的被害人死因。

审查起诉。经检察官联席会议集体研讨认为，本案造成一人死亡，系生产安全行政执法领域认定的"一般事故"；本案发生的直接原因系徐光生无证擅自接强电，而陈东升安排徐光生无证作业的行为，对于事故发生起到决定性、关键性作用，应认定其负主要责任。江森公司用工不规范、海直公司协调管理不到位等，对本起事故发生并非起决定性、关键性作用，对事故的发生仅负一般管理、监督责任。结合本案危害后果，对公司负责人、有关管理人员予以行政处理与其应负的责任相当。检察官认为，区联合调查组对事故原因、性质、责任认定符合客观事实，与在案的证据相吻合，亦符合相关法律精神。本案结合涉案责任人员的过错大小，认定负有主要责任的陈东升一人构成重大责任事故罪，符合罪责刑相适应原则。

被告人陈东升辩称： 徐光生从事多年电工作业，应具有本次电工作业的能力。检察官告知其，根据《中华人民共和国安全生产法》、国家安全监管总局《特种作业人员安全技术培训考核管理规定》，持有特种作业操作证实施电工作业是国家的强制性规定，被告人明知徐光生无特种作业操作证，仍安排其实施电工作业，明显违反相关规定。检察官针对被告人辩解，围绕证据事实，充分释法说理，促使被告人认识到其行为的社会危害性，真诚认罪悔罪。审查起诉期间，被告人陈东升主动请求适用认罪认罚制度。

另外，上海市杨浦区人民检察院在办理本案过程中发现，涉案工程在承办、转包、施工等环节均存在不规范之处。为规范企业安全生产作业，减少重大事故的发生，检察官从安全观念、健全制度、人才培养、资质审查、督促检查等角度提出预防事故的五大可行性措施。

判决结果： 2020年3月16日，上海市杨浦区人民法院适用认罪认罚制度审理了本案，并作出一审判决，认定被告人陈东升在作业中违反有关安全管理的规定，因而发生重大伤亡事故，致一人死亡，其行为构成重大责任事故罪，采纳检察机关认定的罪名和提出的量刑建议，判处有期徒刑六个月，宣告缓刑一年。

2. 指导意义

一是准确认定责任、合理界定刑罚范围。重大责任事故的发生往往涉及多种原因、多个行为、多类人员。根据《关于进一步加强危害生产安全刑事案件审判工作的意见》第8条规定，"多个原因行为导致安全生产事故发生的，在区分直接原因和间接原因的同时，应当根据原因行为在引发事故中所具作用的大小，分清主要原因与次要原因，确认主要责任和次要责任，合理确定罪责"。因此，应深入分析事故发生的直接原因和间接原因、操作原因和管理原因、人为原因和环境原因等，根据上述原因行为在引发事故中所起的作用大小，确认直接责任和间接责任、主要责任和次要责任、管理责任和监督责任等，分清责任大小；再根据事故结果的严重程度，同时考虑事故的社会影响大小、行为人的违法性认识等，确定行为人应承担的法律责任。

二是提前介入，注重安全生产领域犯罪中行政证据向刑事证据的转换。检察机关在审查过程中，对行政机关在行政执法和查办案件过程中收集的证据应重点从形式、内容、合法性等方面进行全面审查，对物证、书证、视听资料、电子数据等客观性证据和鉴定意见、勘验、检查笔录等反映客观情况的科学判断意见，经审查符合法定要求的，可以直接作为证据使用；不符合法定要求或存在取证瑕疵的，应要求公安机关进行补正或者作出书面解释。对行政机关收集的证人证言、当事人陈述等主观性证据，应注意做好证据转换工作，要求公安机关按照刑事诉讼法要求的程序和方式进行重新提取，对无法重新提取的证人证言或当事人陈述，应予以排除，并通过收集其他证据等方式进行补救。

三是准确把握违反安全管理规定的犯罪构成要件。检察机关要准确区分作业人员违反安全管理规定与不完全或未履行合同、约定行为之间的界限，应当依据相关法律、行政法规，参照地方性法规、规章及国家标准、行业标准，必要时可参考公认的惯例和生产经营单位制定的规章制度、操作规程等有关保证生产安全的规定进行认定，而不应依据相关作业的合同、约定。

四是以案释法，提升办案的社会效果。检察机关办理此类案件应对被告人进行耐心释法说理，帮助其正面认识案件处理结果，化解负面抵触情绪，促使其真诚认罪服法。同时从保护企业发展的角度出发，延伸检察职能，积极开展法治宣传教育，就企业在安全生产领域存在的问题或隐患，从法律角度提出整改意见，从而为企业有序运营、健康发展提供有力的司法保障。

四　谢某某以危险方法危害公共安全案

案情：2019年6月27日晚22时许，被告人谢某某饮酒后在行驶中的公交车上，用手指向驾驶员陈某某面部辱骂，并连续击打陈的头面部，迫使陈停车后与谢互殴，当时公交车内另有10名乘客。同年7月11日，上海市杨浦区人民检察院批准逮捕谢某某。9月12日，提起公诉。检察院在夯实补充证据的基础上，着重开展释法说理工作，宣传上述行为的社会危害性及法律、司法解释的相关规定，使得群众通过该案认清作为一名公民守护公共安全的重大责任，把办案的社会效果与法律效果有机地结合起来。

判决结果： 同年9月26日，上海市杨浦区人民法院以以危险方法危害公共安全罪，判处被告人谢某某有期徒刑三年。

1. 指导意义

谢某某被依法追究刑事责任，这起个案教育社会公众要遵守规则、文明出行，共建共享与新时代相匹配的社会文明，检察院的积极参与取得了良好的社会效果。

2. 本案被认定为典型案例的理由

该案系2019年1月8日，最高人民法院、最高人民检察院、公安部《关于依法惩治妨害公共交通工具安全驾驶违法犯罪行为的指导意见》颁布以来，检察院受理的第一起乘客在公共交通工具行驶过程中，抢夺方向盘、殴打驾驶人员的案件。检察院在办理案件过程中，在打击犯罪、注重保障犯罪嫌疑人认罪认罚权益的同时，着重开展法律法规的教育，宣传交通文明出行的必要性和紧迫性，进一步提升案件办理的社会效果。

五 骑手"薅羊毛"涉嫌诈骗罪——席某某诈骗案

案情： 2019年1~8月，席某某利用上海京东到家元信信息技术有限公司（以下简称京东到家公司）网络销售平台新用户首单享受满减优惠券，以及每推荐一名新用户可领取随机奖励金的活动，购买虚拟手机号码并使用"分身软件"对京东到家App进行若干分身，注册虚假新用户后使用优惠券在"闲鱼网"上接单为他人代买商品，从中牟利；又通过分享邀请自己注册的虚假新用户，骗取京东到家公司的推广奖励金共计9万余元。

判决结果： 上海市杨浦区人民法院最终判决席某某犯诈骗罪，判处有期徒刑三年三个月，罚金人民币六千元。

1. 典型意义

爱岗敬业、诚实守信是一个公民应尽的职责。席某某企图不劳而获,通过违法手段获取首单优惠,受到了法律应有的制裁。因此,作为新时代的公民,我们应恪守爱岗敬业、诚实守信的价值观,通过劳动获取合法利益。

2. 本案被认定为典型案例的理由

互联网经济时代,"薅羊毛"这一行为,从最初的薅商家优惠,发展到后面的薅商家漏洞,通过非法手段谋取钱财,甚至触犯刑法。通过席某某诈骗案,我们应牢固树立爱岗敬业、诚实守信意识。

六 刘宏涛危险驾驶案件制发综合治理检察建议

案情:2018年12月20日20时50分,北京亿心宜行汽车技术开发服务有限公司上海分公司(以下简称"e代驾")驾驶员胡××根据约定代为驾驶被告人刘宏涛名下牌号为沪A9S325的小客车行驶至本市杨浦区控江路刘宏涛居住的小区内,因刘宏涛酒后呕吐不适,胡××在明知刘饮酒的情况下,将车辆停在小区道路中间直接离开。后被告人刘宏涛为挪车自行驾驶,致车辆碰撞、擦划到停放在此的被害人张军、张福余、黄彩玲的小客车,造成物损人民币五百余元。经鉴定,被告人刘宏涛血液酒精含量为253.75mg/100ml,属醉酒驾车。

1. 调查核实

上海市杨浦区人民检察院发现上述案件均与代驾公司有关,涉案人员在饮酒后通过网络平台预约并使用代驾服务,但最终仍因危险驾驶罪被查处,相关企业存在服务瑕疵和管理缺位,遂开展了以下调查核实工作。

第一,针对代驾人员的入职管理,走访了多家知名度较高的代驾公司,了解到每家公司的招录制度均自成一套体系,是否符合入职条件由公司内部自行评判,缺乏统一的招录标准。

第二,针对代驾人员的合规监管,通过向交通行政管理部门调取危险驾驶犯罪所涉及代驾人员近年来的行车违法、违章记录及报警记录,发现均不同程度存在违规违章行为或被业务投诉,有的甚至因代驾服务纠纷被报警处理。但对代驾人员的上述服务或是行车过程中的违法情形,代驾公司并不能及时掌握。

第三,针对服务起止标准和代驾人员义务,通过调查核实发现,上海市并无代驾行业协会,一般由代驾公司自行规定服务的起止标准;对于代驾人员在与车主发生服务内容或资费等方面的纠纷时是否仍应继续履行服务义务,代驾公司并未作出相关规定。

2. 检察建议及回复

上海市杨浦区人民检察院认为,代驾行业的产生对于减少危险驾驶犯罪和酒驾违法行为起到了积极作用。而随着代驾行业的迅猛发展,代驾人员队伍不断扩大,准入门槛逐步降低,部分代驾公司存在服务质量下降、监管不到位等问题,不仅引发了社会矛盾,还出现了车主使用代驾服务后仍因危险驾驶罪被追究刑事责任的情况,对城市道路交通安全和人民群众的生命、财产安全造成风险隐患。

2019年9月,上海市杨浦区人民检察院向上述案件中涉及的代驾公司依法制发并宣告送达检察建议。

第一,严格把关入职门槛,提升行业标准。建议加强代驾人员的资质审核、备案等工作,加强行业的准入机制建设和从业资格管理。

第二,明确服务标准。要求代驾人员必须按照约定到达饮酒顾客指定的停车位、车库;将顾客安全送达目的地后,应履行提醒义务,阻止顾客饮酒后自行开车、挪车位等;不能因资费纠纷提前终止服务,对于因顾客原因产生的纠纷,应当及时向公司汇报,通过合理的途径解决。

第三,加强监督管理。实现信息共享,对代驾人员的违章记录以及被投诉记录进行动态化监督管理。一旦违章或者被投诉记录达到一定次数,由公司相关部门进行约谈。同时将相关记录纳入年终考评,如果记录过多则取消与该代驾司机的合约。

第四,加强服务培训。建议在进一步提升服务品质的前提下,继续加强普法宣传及交通法规、行车安全教育培训,以提升代驾人员的个人素养,提升公司品牌形象。

公司在收到检察建议后，立刻召开会议，制定完善了相关制度规定，开展了专项培训，并制作了宣传材料表达对检察建议书的重视程度及整改决心。

3. 指导意义

危险驾驶的行为严重危害城市道路交通安全和人民群众的生命、财产安全，检察机关办理涉及代驾服务的危险驾驶案件，应注意把握两方面问题。

第一，积极参与社会治理。检察机关应当立足检察职能，切实发挥检察建议在社会综合治理、规范行业运行等方面的作用，引导和帮助企业完善内部管理制度，实现良性发展。应当在依法办案的基础上着力提升涉企案件办理质效，维护安全有序的健康市场环境，为优化营商环境提供优质高效的检察保障。

第二，深入开展释法说理。检察机关在办案过程中应当全面落实"谁执法谁普法"的普法责任制，深入开展检察官以案释法，强化检察建议文书释法说理，加强法治宣传教育，引导企业树立底线思维，增强法治意识。应当主动挖掘案件背后的深层次社会问题，在开展调查核实的过程中坚持客观公正，加强与被建议方的沟通交流，提出切实可行的整改建议，及时督促被监督单位落实整改措施，将释法说理、法治宣传融入司法办案中。

七 督促治理复兴岛油污案

案情： 复兴岛是黄浦江上唯一的封闭式内陆岛，岛内部分产权人在经营过程中存在油污渗漏、地面积水积油等问题，导致环境污染。2018年，上海市人民检察院发现该线索并交由杨浦区人民检察院（以下简称杨浦区院）办理。经查，复兴岛内环境污染问题较为严重，土地使用状况复杂，涉及企业多达十余家。2018年11月15日，杨浦区院向杨浦区环境保护局（以下简称区环保局）制发检察建议，督促其依法履行监管职责，对违法经营者采取有效措施，整治污染问题。区环保局及时对相关企业的环保违法行为进行查处并将有关情况回复杨浦区院。在调查核实整改情况后，杨浦区院并未止步于结案，而是坚持跟进监督，与行政机关形成合力共同维护公益，彰显公益诉讼在生态环境治理中的独特价值。

1. 基本做法

（1）依托协同机制，全面调查核实

2018年6月，杨浦区院在区委政法委的协调支持下，与8家区属行政机关共同建立公益诉讼工作协同机制。依托该工作机制，在制发检察建议前主动走访复兴岛综合整治办公室，在其配合下至实地开展调查核实，很快理清存在的问题。

（2）持续跟进监督，确保履职到位

在收到检察建议回复后，杨浦区院一直与区环保局保持沟通联系，对共青路167号、435号内相关企业整改情况进行跟进监督，先后多次实地调查。在高检院关于开展公益诉讼诉前检察建议"回头看"专项活动部署下，杨浦区院邀请市人大代表、政协委员、公益诉讼检察官再次对该案件整改落实情况进行"复查复测"，全面评估受损公益是否修复到位，打通公益保护"最后一公里"。

（3）加强沟通交流，共同破解难题

在开展检察建议"回头看"工作中了解到，检察建议所涉企业已停止生产，但共青路167号、435号内承租人尚未搬离，污染问题有回潮可能。同时还了解到，市、区两级党委政府对复兴岛整治工作高度重视，但违法场所内的拆违工作面临难题——场所内违法搭建的厂房因历史原因存在层层转租现象，法律关系复杂，责任主体难以确定。杨浦区院就多次参与复兴岛整治研商研判，为区城管局、定海街道相关职能部门依法依规拆除违法建筑提供法律指引，携手清理污染企业，促进污染问题根本解决。

2. 推广价值

"要善于把党的领导和我国社会主义制度优势转化为社会治理效能，完善党委领导、政府负责、社会协同、公众参与、法治保障的社会治理体制，打造共建共治共享的社会治理格局。"检察建议是法律监督的重要手段之一，目的是推进社会治理法治化、促进依法行政，既发现问题，又协助行政机关寻找解决问题的办法。发出检察建议只是检察机关参与社会治理的起点，在公益保护领域，检察机关履行监督职责，而采取措施处理问题的还是行政机关，要在党委领导下，加强与行政机关的沟通协作，在监督行政机关依法履职的同时，也给行政机关提供法律上的支持，共同推动问题解决，实现双赢多赢共赢。下一步，杨浦区院将持续关注复兴岛综合整治工作，在市、区两级党委的统一领导和政府支持下，以履行公益诉讼职能助力复兴岛产业功能转型升级，圆复兴岛区域"美丽家园"场景。

B.13 后　记

《上海法治发展报告（2021）》面世了。为了使本书的数据更完整、更科学，争取使全书更具权威性、科学性、创新性和可读性，蓝皮书编委会广泛调研，得到了来自社会各界的大力支持和帮助。作为资讯类的皮书，我们一如既往重点介绍了上海市2020年法治建设情况，并对2021年上海法治建设做了展望。

出版之际，编委会由衷地感谢在本书编撰的各个环节得到上海市全面依法治市委员会、上海市人大监察和司法委员会、上海市人大常委会法工委、上海市公安局、上海市人民检察院、上海市高级人民法院、上海市第一中级人民法院、上海市第二中级人民法院、上海市司法局、上海市国家安全局、上海市地方金融监督管理局、复旦大学法学院、同济大学法学院、杨浦区人民检察院等单位的领导和工作人员的大力支持、指导和帮助。

上海社会科学院法学研究所组建了专业的团队从事本书的调研和编撰工作。主编、执行主编、副主编及本书编委会对本书架构、内容等进行了认真讨论，通过统稿会完成本书的编撰工作，在此特别感谢编委会全体老师的辛苦付出。上海社会科学院法学研究所彭辉研究员翻译、王海峰研究员和陈凡校对了摘要和目录的英文部分。社会科学文献出版社的编辑对保证本书质量起了重要作用。

本书专家委员会的十多位专家、领导应邀参加了本书编委会组织的专家论证会，论证会上他们对本书的架构布局、重点内容、写作风格等提出了很多建设性意见和建议，他们的真知灼见为本书写作的顺利完成做出了重大贡献。

对上述单位和个人的指导、支持和帮助，我们表示衷心的感谢。本书在

后 记

立项、选题、调研和撰写过程中，得到上海社会科学院院长王德忠研究员、党委副书记王玉梅研究员、华东政法大学校长叶青教授的关心、支持和指导，在此向他们表示诚挚的谢意。

《上海法治发展报告》走过了十个春秋，见证了上海这座国际大都市法治发展的前进历程。我们热切期待社会各界继续关心和关注"上海蓝皮书·法治"的成长，明年是《上海法治发展报告》出版的第十一年，是新的十年的始端，期盼以此为契机，久久为功，推进《上海法治发展报告》的社会声誉和学术影响力不断提升。

虽竭尽所能，但疏漏不当难免，敬祈读者批评指正。

上海社会科学院法学研究所

《上海法治发展报告》编委会

2021年4月

Abstract

Annual Report on Development of the Rule of Law in Shanghai (2021) comprehensively reviews the construction of the rule of law in Shanghai in 2020 from three aspects: the work of the local people's congress, the law-based government, and the comprehensive and integrated reform of the judicial system. On this basis, it prospects the grand blueprint for the rule of law construction in Shanghai in 2021.

In 2020, Shanghai has achieved a series of remarkable progress on its rule of law construction in the following aspects: the work of the local people's congress, the law-based government, and the judicial reform. In 2020, the Shanghai People's Congress has effectively promoted the construction of a modern socialist rule of law with Chinese characteristics in terms of practicing the rule of law, strengthening the supply of the rule of law, ensuring the implementation of the rule of law and improving the quality and effectiveness of the rule of law. At the same time, efforts have been made to improve the level of rule of law in such areas as city governance, people's livelihood improvement, along with ecological and environmental protection. It has been steadily implemented to construct a law-based government, and the working mechanism of law-based city governance has been further improved, what's more, the quality of institutionalized administrative legislation has been improved so as to ensure that all activities of the administrative entities would be fully incorporated into the track of the rule of law. In the past 2020, The point was laid on exercising the law-based government administration in aspects of the pilot registration system for Lin-gang Special Area of China (Shanghai) Pilot Free Trade Zone and the Science and Technology Innovation Board, the integrated development of the Yangtze River Delta region, epidemic prevention and control, together with the resumption of work and production. The courts and procuratorates continue to deepen the comprehensive and integrated reform of the judicial system. The courts have been focused on creating a good law-based business environment, promoting the rule of law construction in Shanghai, practicing justice for the people, deepening the judicial system reform, adhering to strict governance of the courts, and continuing to improve work, in the meanwhile, "one-stop" multiple dispute resolution institution, litigation service system and smart courts have been fully constituted. As for the procuratorates, they did a good job in working for the people, improving the prosecutorial level, maintaining judicial justice, forging a high-quality professional team, deepening the construction of "one unit, one product" in the primary-level courts, pioneering a "one-stop" evidence collection protection system, and escorting Pudong's high-level reforms open. 2021 being the first year of the 14th Five-Year Plan, Shanghai's rule of law construction will, based on serving the modernization of Shanghai and the country's economic and social development, especially the implementation of national strategies, focused on the modernization of governance systems and governance capabilities, further strengthening the supply of the rule of law system, and improving the law-based governance level of the government, continuing to promote comprehensive judicial reform, inherit the past and ushering the future, and thus strive to create a new situation in the 14th Five – Year Plan.

Keywords: Shanghai; The Rule of Law; The Work of the Local People's Congress; The Comprehensive and Integrated Reform of the Judical System

Contents

Ⅰ General Report

B.1 The Development of Rule of Law in Shanghai in 2020 and
Prospects for 2021
Li Jianwei, Zhang Liang, Wu Yining, Ruan Hao,
Deng Wen and Sun Qi / 001

Abstract: In 2020, Shanghai has achieved a series of remarkable progress on its rule of law construction in the following aspects: the work of the local people's congress, the law-based government, and the judicial reform. In 2020, the Shanghai People's Congress has effectively promoted the construction of a modern socialist rule of law with Chinese characteristics in terms of practicing the rule of law, strengthening the supply of the rule of law, ensuring the implementation of the rule of law and improving the quality and effectiveness of the rule of law. At the same time, efforts have been made to improve the level of rule of law in such areas as city governance, people's livelihood improvement, along with ecological and environmental protection. It has been steadily implemented to construct a law-based government, and the working mechanism of law-based city governance has been further improved, what's more, the quality of institutionalized administrative legislation has been improved so as to ensure that all activities of the administrative entities would be fully incorporated into the track of the rule of law. In the past

Abstract

2020, The point was laid on exercising the law-based government administration in aspects of the pilot registration system for Lin-gang Special Area of China (Shanghai) Pilot Free Trade Zone and the Science and Technology Innovation Board, the integrated development of the Yangtze River Delta region, epidemic prevention and control, together with the resumption of work and production. The courts and procuratorates continue to deepen the comprehensive and integrated reform of the judicial system. The courts have been focused on creating a good law-based business environment, promoting the rule of law construction in Shanghai, practicing justice for the people, deepening the judicial system reform, adhering to strict governance of the courts, and continuing to improve work, in the meanwhile, "one-stop" multiple dispute resolution institution, litigation service system and smart courts have been fully constituted. As for the procuratorates, they did a good job in working for the people, improving the prosecutorial level, maintaining judicial justice, forging a high-quality professional team, deepening the construction of "one unit, one product" in the primary-level courts, pioneering a "one-stop" evidence collection protection system, and escorting Pudong's high-level reforms open. 2021 being the first year of the 14th Five-Year Plan, Shanghai's rule of law construction will, based on serving the modernization of Shanghai and the country's economic and social development, especially the implementation of national strategies, focused on the modernization of governance systems and governance capabilities, further strengthening the supply of the rule of law system, and improving the law-based governance level of the government, continuing to promote comprehensive judicial reform, inherit the past and ushering the future, and thus strive to create a new situation in the 14th Five-Year Plan.

Keywords: Shanghai; Work of the Local People's Congress; The Law-Based Government; Comprehensive and Integrated Reforms of the Judicial System

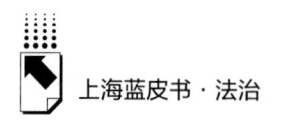

II Special Reports

B.2 The Shanghai Courts Provide Judicial Guarantees for Epidemic Prevention and Control and the Stability on the Six Fronts and Security in the Six Areas

Shanghai Higher People's Court Research Group / 040

Abstract: To serve and ensure the epidemic prevention and control, and the stability on the six fronts and security in the six areas, first, the Shanghai courts firmly upheld the correct political direction, effectively strengthened its organization and leadership, and ensured that various service and guarantee measures were comprehensively advanced; second, by developing the institution and regulations and advancing the unification between the legislation and its application, the Shanghai courts guided and stabilized society's reasonable expectations of justice; the third one was to integrate online and offline services, actively respond to the judicial needs from the public, and promote the efficient resolution of conflicts and disputes; then, the forth action was to punish illegal and criminal behaviors in connection with the epidemic in accordance with the law, and strive to create a stable social security environment; fifth, being focused on livelihood hotspots and efficiently resolving civil and commercial disputes related to the epidemic, the Shanghai courts strove to create a more stable, open, transparent, and predictable law-based business environment; Next, corporate rescue and exit mechanisms were improved and completed to help companies relieve difficulties and ensure the implementation of national financial support policies; besides, the Shanghai courts strengthened its enforcement with goodwill and civilization, and improved the standardization and precision of the enforcement, so as to ensure the normal operation of the material production enterprises for epidemic prevention.

Keywords: Epidemic Prevention and Control; the Stability on the Six Fronts and Security in the Six Areas; Judicial Service Guarantee

B.3 Difficulties in Personal Information Protection and Relative Rule Improvement

Shanghai First Intermediate People's Court Research Group / 050

Abstract: In practice, there are several difficulties in protecting personal information. First, the "informed-consent" rule is a mere formality, and it is difficult for citizens to effectively control the collection and use of their own personal information. Second, the principles of legitimacy and necessity are hard to take into effect, and citizens' personal information is excessively treated. Third, there are inconvenient remedy measures, so it is difficult for individuals to protect their rights. Forth, the illegal profit-making industry chain is proliferating, and comprehensive governance is difficult. Accordingly, it is recommended to strengthen the "informed-consent" system, refine the specific rules of "legitimacy" and "necessity", unblock personal remedy channels, and strengthen civil liability to improve personal information protection rules, and establish a special judicial remedy for the rights and interests on personal information.

Keywords: Personal Information Protection; "Informed – Consent" Rule; The Rules of Legitimacy; The Rules of Necessity

B.4 The Construction of Multi-level Guidance System on Procuratorial Work in the New Era

—Under the Background of the Internal Organization Reform of the Procuratorial Organ

Research Group of Shanghai People's Procuratorate / 066

Abstract: The deepening of the procuratorial reform, especially the determination of the "four major procuratorials" and the "ten major businesses", and the corresponding internal institutional reforms, is a profound adjustment of how the procuratorial power operates. Given the context, it is necessary to construct the multi-level procuratorial guidance system in the new era with the purpose of "professional", "real-time" and "leading". enhance the work station of professional guidance, strengthen the professionalization construction of professional guidance, perfect the organizational system of professional guidance, optimize the resource integration of system construction, and strengthen the intelligent support of system construction. In terms of specific measures, we should further strengthen the macro guidance role of the Commission, sort out various business guidance modules, clarify the guidance mode of special procuratorial business, and innovate the online and offline interactive guidance platform, so as to comprehensively improve the procuratorial case-handling efficiency and ensure the independent and fair exercise of procuratorial power according to law. the professional guidance of procuratorial organs is facing all-round changes in terms of work concepts, objects and methods.

Keywords: Internal Organization Reform; Procuratorial Business Guidance; Reform of the Procuratorial

B.5 Innovatively Carrying out Financial Procuratorial Work and Serving the Construction of Shanghai's Financial Center

Li Xiaowen, Zhang Zechen / 085

Abstract: In order to serve the construction of Shanghai's financial center, Shanghai's procuratorial organs took the initiative to connect with the overall situation, carried out innovative financial procuratorial work, and pursued for excellent and professional financial procuratorial work. First, Judicial case was put in the center to ensure the proper resolution of financial risks in key areas. Second, procuratorial protection was provided for city development with the purpose of serving the overall situation. Third, Shanghai's procuratorial organs has actively participated in the overall situation of preventing financial risks on the basis of coordinated case handling. Forth, the procuratorial organs helped comprehensive financial management focused on extending procuratorial functions. The last one was improving the ability to prevent and defuse financial risks with team building as a guarantee.

Keywords: Financial Prosecution; Risk Prevention and Resolution; Construction of Financial Center

B.6 Five-Year Review of Publicity and Education on the Rule of Law in Shanghai   *Xiao Jun, Lan Yuxi, Han Zhe* / 095

Abstract: During the "Seventh Five-Year" law popularization, Shanghai carried out in-depth publicity and education on the Constitution and the socialist legal system with Chinese characteristics, and striving to create a benign legal environment for the smooth implementation of Shanghai's "13th Five-Year Plan", what's more, Shanghai was focused on key minorities and key targets to exercise the rule of law publicity and education. Besides, with socialist core values leading the construction of the law-based city culture, Shanghai has made great achievements and formed some characteristics. The "Eighth Five-Year Plan" law popularization should be based on the core content and central task of learning, propagating and practicing Xi Jinping thought on the rule of law, and reviewing the experience before starting again.

Keywords: The Rule of Law in Shanghai; "Seventh Five-Year" law popularization; Rule of Law Publicity and Education

B.7 The Practical Exploration for the Legislative Contact Points at the Primary Level of the Standing Committee of Shanghai Municipal People's Congress   *Yao Wei, Deng Shaoling* / 103

Abstract: In 2016, the Standing Committee of the Shanghai Municipal

People's Congress established 10 primary-level legislative contact points, and launched a pilot program for the local primary-level legislative contact point system. The legislative contact point at the primary level is a unique result of the development of socialist democratic politics and the rule of law with Chinese characteristics. It is the concrete implementation and creative practice of the party's mass line, and it is also the inevitable content and vivid display of socialist democracy, reflecting the full process democracy during legislation. The primary-level legislative contact point features its primary-level attributes, legislative attributes and unicom attributes. With the cooperation and efforts of various grassroots legislative contact points, the Standing Committee of the Shanghai Municipal People's Congress has achieved great progress in democratic legislation by means like expanding points, improving quality, and revising work rules. In the future, we should continue to look back and reflect on the success or failure in aspects of the establishment, design, function and operation of the system with reference to the actual results of the work, so as to seek further improvement and perfection, and strive to achieve healthy development.

Keywords: Shanghai Municipal People's Congress Standing Committee; Primary－Level Legislative Contact Point; Democratic Legislation

Ⅲ Evaluation Report

B.8 The Third－Party Evaluation Report of the "Law Butler" Project of Jiading Judicial Bureau

The Third－Party Evaluation Research Group of the "Law Butler" Project of Jiading Judicial Bureau / 118

Abstract: Public legal services can meet the needs of the grassroots for legal services and improve the level of the rule of law at the grassroots level, which is of positive significance to the formation of a social governance paradigm of co-construction, co-governance and sharing. The Jiading District Justice Bureau launched the "Law Butler" Project for the construction of public legal services to improve the quality and efficiency of village public legal services. In order to evaluate and optimize the "Law Butler" Project, research methods such as questionnaire survey and work evaluation were adopted to evaluate the status of its operation in the village, and a scientific and comprehensive questionnaire indicator system was used to understand the project's service coverage, service quality and the service qualifications, etc. In the meanwhile, the evaluation absorbed the opinions and suggestions from the respondents on the project, striving to promote the continuous transition and innovative development of the "Law Butler" Project.

Keywords: Jiading District; Public Legal Services; Rule of Law at the Grassroots Level; Lawyers and Consutants in the Village and Community

Ⅳ Reports on Hot Issues

B.9 Shanghai's Experience in Community Management and
Control in the Post-Epidemic Era
—*A Case Study of the Epidemic Prevention and Control
of Ming Tian Hua Cheng Community for Example*
Meng Xiangpei, Duan Ningrui and Liu Jinjin / 137

Abstract: After implementing the closed management of "only entry but no exit", Ming Tian Hua Cheng Community has formed a grassroots community prevention and control structure in which the government was responsible for, the neighborhood committee demonstrated, and such groups participated in as the property management company, community party members, volunteers, and residents' backbones. Through the "one network integrated management" platform, a three-level real-time connection mechanism could be established, which included the district-level urban transportation center, town-level urban transportation center, along with town-level headquarters and front-line headquarters. As a result of the mechanism, all parties could communicate effectively and timely make epidemic prevention plans continue to evolve. While the closed management of Ming Tian Hua Cheng Community, the management of the community was carried out in four aspects: safety, livelihood, medical care, and emergency protection. Additionally, the management adhered to the people-oriented principle to fully guarantee the normal life of residents during isolation. However, from the perspective of the trend of normalization of epidemic prevention and control, to comply with the requirements of normalization, it is necessary to make use of the advantages of the members of the proprietors committee living in the community, give full play to the role of the proprietors committee, and solve the shortage of manpower of the residents committee and other staff and the inconvenience of living in the community, and then to explore the establishment of a new model of community epidemic management and control, which will integrate residential committee off-site leadership , proprietors committee on-site organization and the coordinated corporation among the property management company, party members in the community, volunteers, and the residents' backbone .

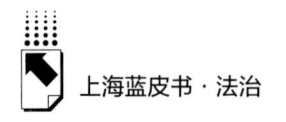

Keywords: MingTianHuaCheng Community; Community Prevention and Control; Precise Prevention and Control

B.10 Research on the Status Quo and Improvement of Commercial Mediation in Shanghai

Sun Dawei, Shan Shan, Duan Ningrui and Yan Minghong / 153

Abstract: Independent third-party commercial mediation is a system in which private non-enterprise units, chambers of commerce, industry associations, companies and other private independent third parties refer to the mediation rules of institutions and promote the parties to commercial disputes to reach mediation agreements in accordance with the law. Commercial mediation in Shanghai starting early nationwide, and with the in-depth development of commercial activities and the continuous improvement of the business environment, various types of mediation agencies have continued to emerge. It is possible to consider improving the existing commercial mediation practice by reasonably delimiting the scope of case acceptance of different commercial mediation organizations, completing the system of full-time mediators, and improving the rules of commercial mediation.

Keywords: Commercial Mediation; Independent Third party; Full - Time Mediator

V Reports on Case Studies

B.11 The Exploration and Practice of "Off-site Law Enforcement" to Promote Smart Urban Management
—*A Case Study of Minhang District, Shanghai*
Yu Yan, Peng Hui and Wang Xue / 171

Abstract: It is an inevitable choice for the development of informatization to apply "one network unified management" technology to implement "off-site law enforcement". This article takes the practice of the Comprehensive Law Enforcement Team in Minhang District, Shanghai for example, and elaborates on the effect of providing convenience for both parties to law enforcement, breaking through the barriers of regional law enforcement, enhancing the happiness of the people, and vigorously promoting the construction of "Shanghai under the rule of law", under the application of "one network unified management", the off-site law enforcement smart application system, the joint logistics linkage mechanism, the shared data information law enforcement, and the joint punishment mechanism of the comprehensive law enforcement team in Minhang District, Shanghai. Aiming at the deficiencies of off-site law enforcement, Minhang District explored the establishment and improvement of the legal system of urban management off-site law enforcement within the whole city of Shanghai, improved the joint logistics linkage command and disposal mechanism under "one network unified management", promoted the innovative application of the "smart city management" system, attached importance to network security and strengthened reasonable ways to supervise off-site law enforcement methods.

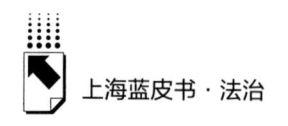

Keywords: Off – Site Law Enforcement; Smart City Management; Joint Logistic; the Rule of Law in Shanghai

B.12 Typical Cases of Yangpu District Procuratorate in 2020

Shao Min, Tu Longke and Dong Neng / 187

Abstract: In 2020, upholding the belief of "strengthening legal supervision and safeguarding fairness and justice", the Yangpu District Procuratorate thoroughly studied and implemented Xi Jinping Thought on Socialism with Chinese Characteristics for a New Era and the spirit of the 19th National Congress of the CPC and the Fourth Plenary Session of the 19th Central Committee, and faithfully executed its duty of legal supervision, comprehensively improved the judicial capabilities, and made new progress in various fields. In this year, the Yangpu Procuratorate handled a number of major and difficult cases involving public interest litigation, social governance, and punishment of illegal crimes.

Keywords: Yangpu District; Public Interest Litigation; Performance of Procuratorial Organs; Social Governance

社会科学文献出版社

皮 书

智库报告的主要形式
同一主题智库报告的聚合

✤ 皮书定义 ✤

皮书是对中国与世界发展状况和热点问题进行年度监测,以专业的角度、专家的视野和实证研究方法,针对某一领域或区域现状与发展态势展开分析和预测,具备前沿性、原创性、实证性、连续性、时效性等特点的公开出版物,由一系列权威研究报告组成。

✤ 皮书作者 ✤

皮书系列报告作者以国内外一流研究机构、知名高校等重点智库的研究人员为主,多为相关领域一流专家学者,他们的观点代表了当下学界对中国与世界的现实和未来最高水平的解读与分析。截至2021年,皮书研创机构有近千家,报告作者累计超过7万人。

✤ 皮书荣誉 ✤

皮书系列已成为社会科学文献出版社的著名图书品牌和中国社会科学院的知名学术品牌。2016年皮书系列正式列入"十三五"国家重点出版规划项目;2013~2021年,重点皮书列入中国社会科学院承担的国家哲学社会科学创新工程项目。

权威报告・一手数据・特色资源

皮书数据库
ANNUAL REPORT(YEARBOOK) DATABASE

分析解读当下中国发展变迁的高端智库平台

所获荣誉

- 2019年，入围国家新闻出版署数字出版精品遴选推荐计划项目
- 2016年，入选"'十三五'国家重点电子出版物出版规划骨干工程"
- 2015年，荣获"搜索中国正能量 点赞2015""创新中国科技创新奖"
- 2013年，荣获"中国出版政府奖·网络出版物奖"提名奖
- 连续多年荣获中国数字出版博览会"数字出版·优秀品牌"奖

成为会员

通过网址www.pishu.com.cn访问皮书数据库网站或下载皮书数据库APP，进行手机号码验证或邮箱验证即可成为皮书数据库会员。

会员福利

- 已注册用户购书后可免费获赠100元皮书数据库充值卡。刮开充值卡涂层获取充值密码，登录并进入"会员中心"—"在线充值"—"充值卡充值"，充值成功即可购买和查看数据库内容。
- 会员福利最终解释权归社会科学文献出版社所有。

卡号：433165487419

数据库服务热线：400-008-6695
数据库服务QQ：2475522410
数据库服务邮箱：database@ssap.cn
图书销售热线：010-59367070/7028
图书服务QQ：1265056568
图书服务邮箱：duzhe@ssap.cn

S 基本子库
SUB DATABASE

中国社会发展数据库（下设12个子库）

整合国内外中国社会发展研究成果，汇聚独家统计数据、深度分析报告，涉及社会、人口、政治、教育、法律等12个领域，为了解中国社会发展动态、跟踪社会核心热点、分析社会发展趋势提供一站式资源搜索和数据服务。

中国经济发展数据库（下设12个子库）

围绕国内外中国经济发展主题研究报告、学术资讯、基础数据等资料构建，内容涵盖宏观经济、农业经济、工业经济、产业经济等12个重点经济领域，为实时掌控经济运行态势、把握经济发展规律、洞察经济形势、进行经济决策提供参考和依据。

中国行业发展数据库（下设17个子库）

以中国国民经济行业分类为依据，覆盖金融业、旅游、医疗卫生、交通运输、能源矿产等100多个行业，跟踪分析国民经济相关行业市场运行状况和政策导向，汇集行业发展前沿资讯，为投资、从业及各种经济决策提供理论基础和实践指导。

中国区域发展数据库（下设6个子库）

对中国特定区域内的经济、社会、文化等领域现状与发展情况进行深度分析和预测，研究层级至县及县以下行政区，涉及省份、区域经济体、城市、农村等不同维度，为地方经济社会宏观态势研究、发展经验研究、案例分析提供数据服务。

中国文化传媒数据库（下设18个子库）

汇聚文化传媒领域专家观点、热点资讯，梳理国内外中国文化发展相关学术研究成果、一手统计数据，涵盖文化产业、新闻传播、电影娱乐、文学艺术、群众文化等18个重点研究领域。为文化传媒研究提供相关数据、研究报告和综合分析服务。

世界经济与国际关系数据库（下设6个子库）

立足"皮书系列"世界经济、国际关系相关学术资源，整合世界经济、国际政治、世界文化与科技、全球性问题、国际组织与国际法、区域研究6大领域研究成果，为世界经济与国际关系研究提供全方位数据分析，为决策和形势研判提供参考。

法律声明

"皮书系列"（含蓝皮书、绿皮书、黄皮书）之品牌由社会科学文献出版社最早使用并持续至今，现已被中国图书市场所熟知。"皮书系列"的相关商标已在中华人民共和国国家工商行政管理总局商标局注册，如LOGO（ ）、皮书、Pishu、经济蓝皮书、社会蓝皮书等。"皮书系列"图书的注册商标专用权及封面设计、版式设计的著作权均为社会科学文献出版社所有。未经社会科学文献出版社书面授权许可，任何使用与"皮书系列"图书注册商标、封面设计、版式设计相同或者近似的文字、图形或其组合的行为均系侵权行为。

经作者授权，本书的专有出版权及信息网络传播权等为社会科学文献出版社享有。未经社会科学文献出版社书面授权许可，任何就本书内容的复制、发行或以数字形式进行网络传播的行为均系侵权行为。

社会科学文献出版社将通过法律途径追究上述侵权行为的法律责任，维护自身合法权益。

欢迎社会各界人士对侵犯社会科学文献出版社上述权利的侵权行为进行举报。电话：010-59367121，电子邮箱：fawubu@ssap.cn。

社会科学文献出版社